송강스님의

벽암록 맛보기

9권-

(81칙~90칙)

벽암록 맛보기를 내면서

2021년 초에 불교신문사에서 새로운 연재를 부탁하기에 〈벽암록 맛보기〉라는 제목으로 「벽암록(碧巖錄)」의 본칙(本則)과 송(頌)을 중심으로 1회 1칙씩을 연재하기로 했습니다. 정해진 지면에 맞추다 보니 여러 가지 도움이 될 장치를 생략하게 되었으나, 공부하기에는 크게 부족함이 없었습니다.

불교신문 독자들 가운데 책으로 공부하기를 원하는 분들이 많아서 이제 10칙씩을 묶어 한지제본의 〈벽암록 맛보기〉를 차례로 출판하기로 하였습니다. 불교신문 지면에 실린 내용에다 몇 가지 도움이 될 부분을 더하여 편집의 묘를 살린 것입니다.

벽암록 맛보기를 내면서

2021년 초에 불교신문사에서 새로운 연재를 부탁하기에 〈벽암록 맛보기〉라는 제목으로 『벽암록(碧巖錄)』의 본칙(本則)과 송(頌)을 중심으로 1회 1칙씩을 연재하기로 했습니다. 정해진 지면에 맞추다 보니 여러 가지 도움이 될 장치를 생략하게 되었으나, 공부하기에는 크게 부족함이 없었습니다.

불교신문 독자들 가운데 책으로 공부하기를 원하는 분들이 많아서 이제 10칙씩을 묶어 한지제본의 〈벽암록 맛보기〉를 차례로 출판하기로 하였습니다. 불교신문 지면에 실린 내용에다 몇 가지 도움이 될 부분을 더하여 편집의 묘를 살린 것입니다.

참선공부는 큰 의심에서 시작되고, 『벽암록(碧巖錄)』의 선문답은 본체 또는 주인공에 대한 의심을 촉발하기 위한 것입니다. 그러므로 의심을 일으킬 수 있는 정도로 설명은 간략하게 하고 자세한 풀이는 생략했습니다. 너무 자세한 설명은 스스로 의심을 일으키기는 커녕 자칫 다 알았다는 착각에 빠지게 하기 때문입니다.

이 책이 많은 분들에게 큰 의심을 일으킬 수 있는 기회가 된다면 참 좋은 법연(法緣)으로 생각하겠습니다.

2022년 여름 개화산자락에서

시우 송강(時雨松江) 합장

참선공부는 큰 의심에서 시작되고, 『벽암록(碧巖錄)』의 선문답은 본체 또는 주인공에 대한 의심을 촉발하기 위한 것입니다. 그러므로 의심을 일으킬 수 있는 정도로 설명은 간략하게 하고 자세한 풀이는 생략했습니다. 너무 자세한 설명은 스스로 의심을 일으키기는 커녕 자칫 다 알았다는 착각에 빠지게 하기 때문입니다. 이 책이 많은 불자들에게 큰 의심을 일으킬 수 있는 기회가 된다면 참 좋은 법연(法緣)으로 생각하겠습니다.

2022년 여름 개화산자락에서

시우 송강(時雨松江) 합장

차례

차 례

제81칙

약산 사주
(藥山射麈)

약산선사의
큰사슴을 쏘다

"사슴의 왕 자처했으나
화살 맞아 쓰러지는 꼴이라니…"

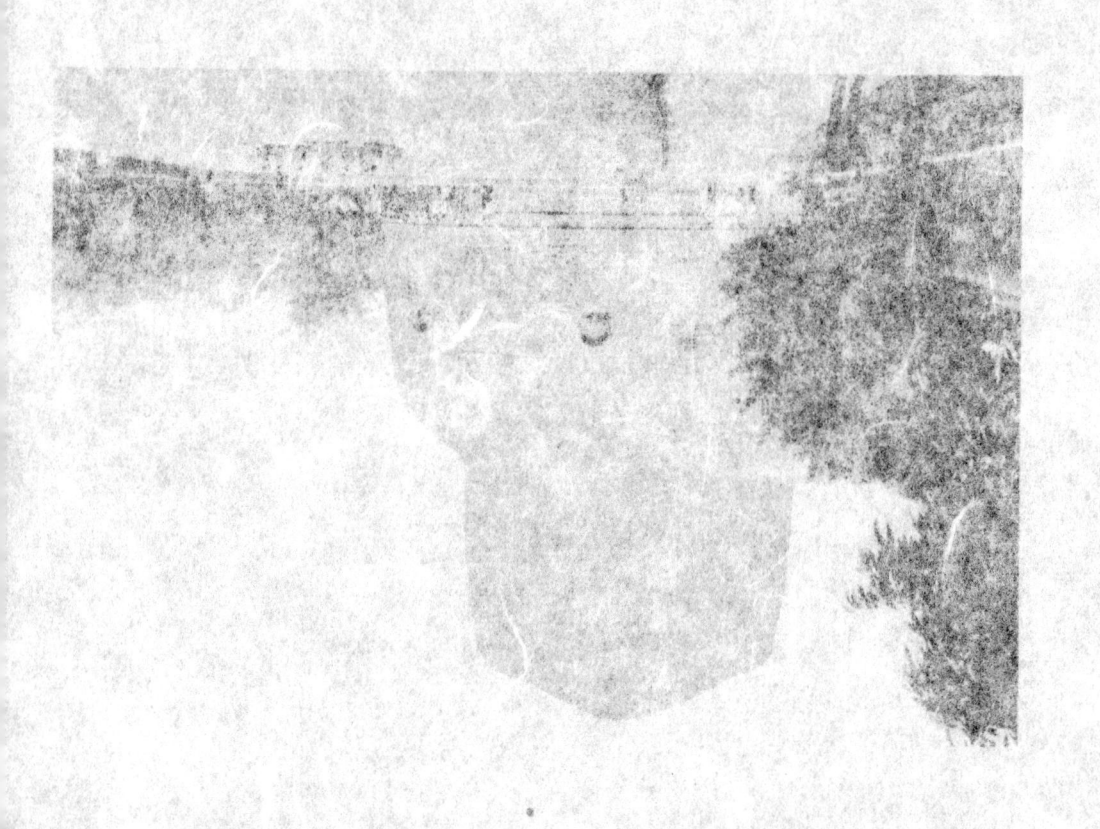

인도 사르나트 사슴동산(녹야원)에는
사슴과 큰사슴과 사슴 왕과 사냥꾼이 있으니, 잘 찾아보라!

강설(講說)

상대의 모든 것을 파악하고 꼼짝 못 하게 할 역량이 있는 사람이라면 모든 성현이 오더라도 그 사람을 어쩌지 못할 것이다. 자신이 주인공이 되어 자유자재한 사람을 누가 어쩌겠는가. 그런 사람은 지식이나 논리로는 꺾지 못하고 함부로 하다간 혼만 날 것이니, 온갖 방법 동원하느라고 애쓸 것 없다.

사실 이러한 것은 깨달은 이라면 누구나 가능한 것이라서, 신통묘용이라고 할 것도 없고, 본래부터 특별하게 갖춘 것도 아니다. 그저 일상의 삶일 뿐이다.

약산 유엄(藥山惟儼)선사는 당대(唐代)의 선승(禪僧)이다. 강서성(江西省) 강주(絳州) 출신으로 17세에 조양(潮陽)의 서산 혜조(西山慧照)선사에 의탁하여 출가했고, 29세에 구족계(具足戒)를 받았다. 청원 행사(青原行思)선사의 법제자인 석두 희천(石頭希遷)선사를 사사(師事)하여 법을 이어받았으며 호남성(湖南省) 약산(藥山)에서 선풍(禪風)을 크게 일으켰다. 정원 초(貞元初)에 예주(澧州) 약산(藥山)에서 자운사(慈雲寺, 약

강설(講說)

상대의 모든 것을 파악하고 꼼짝 못 하게 할 역량이 있는 사람이라면 모든 상황이 오더라도 그 사람을 이기지 못할 것이다. 자신이 주인공이 되어 자유자재한 사람을 누가 이겼는가. 그런 사람은 지식이나 논리로는 꺾지 못하고 함부로 하다간 혼만 날 것이니. 온갖 방법 동원하느라고 애쓸 것 없다.

사실 이러한 것은 깨달은 이라면 누구나 가능한 것이라서, 신통묘용이라고 할 것도 없고, 본래부터 특별하게 갖출 것도 아니다. 그저 일상의 삶일 뿐이다.

약산 유엄(藥山惟儼) 선사는 당대(唐代)의 선승(禪僧)이다. 강서성(江西省) 강주(絳州) 출신으로 17세에 조양(潮陽)의 서산 혜조(西山慧照) 선사에게 의탁하여 출가했고, 29세에 구족계(具足戒)를 받았다. 청원 행사(靑原行思) 선사의 법제자인 석두 희천(石頭希遷) 선사를 사사(師事)하여 법을 이어받았으며 호남성(湖南省) 약산(藥山)에서 선풍(禪風)을 크게 일으켰다. 정원 초(貞元初)에 예주(澧州) 약산(藥山)에서 자운사(慈雲寺, 약

산사)를 창건하여 불법을 크게 진작시켰다. 시호는 홍도대사(弘道大師). 저서는『한산자시집(寒山子詩集)』.

석두 희천(石頭希遷)선사는 당대(唐代)의 선승(禪僧)이다. 광동성(廣東省) 단주(端州) 출신으로 육조 혜능(六祖慧能)선사에게 출가하였다가 육조스님 입멸(入滅)후 제자 청원 행사(靑原行思)선사의 지도를 받아 법제자가 되었다. 742년경에 형산(衡山) 남사(南寺) 동석대(東石臺) 위에 암자를 짓고 그곳에서 늘 좌선하였으므로 석두 희천(石頭希遷)선사라 호칭했다. 참동계(參同契)와 초암가(草庵歌)를 지었다.

본칙(本則)

擧 僧問藥山호대 平田淺草에 麈鹿이 成
거 승문약산 평전천초 주록 성

群하니 如何射得麈中麈닛고 山云 看箭하
군 여하사득주중주 산운 간전

라 僧放身便倒어늘 山云 侍者야 拖出這
승방신변도 산운 시자 타출저

死漢하라 僧便走하니 山云 弄泥團漢이 有
사한 승변주 산운 농니단한 유

什麽限이리오
십마한

雪竇拈云 三步雖活이나 五步須死니라
설두념운 삼보수활 오보수사

- **평전(平田)**

  중국 천태산(天台山)의 평전사(平田寺)로 약산선사께서 주석하신 곳.

- **주중주(麈中麈)**

  큰사슴 가운데 큰사슴. 큰사슴의 왕.

- **타출(拖出)** 끌어내다.
- **농니단한(弄泥團漢)** 진흙덩어리를 가지고 노는 놈.

이런 얘기가 있다.

한 스님이 약산선사께 여쭈었다. "평전사의 들판에 크고 작은 사슴이 무리를 이루었는데, 어떻게 큰사슴의 왕을 쏘아 맞출 수 있습니까?"

약산선사께서 말씀하셨다. "화살을 보아라."

그 스님이 몸을 던져 곧바로 쓰러졌다.

약산선사께서 말씀하셨다. "시자야! 이 죽은 놈을 끌어내어라."

그 스님이 바로 도망쳐 버렸다.

약산선사께서 말씀하셨다. "진흙덩이를 가지고 노는 놈이 어찌 끝이 있으랴."

설두선사께서 이 얘기를 하고는 덧붙였다. "세 걸음은 비록 살지라도 다섯 걸음에는 반드시 죽을 것이다."

강설(講說)

머리 좋은 한 스님이 약산선사를 시험하려 한다. 그래서 비유를 들어 공격을 개시했다.

"스님께서 계신 이 평전사의 풀밭에는 크고 작은 사슴이 참 많군요. 그런데 사슴 가운데서도 왕이 되는 놈을 어떻게 쏘아 맞출 수 있습니까?"

이 물음은 부처님께서 말씀하신 독존(獨尊)의 자리를 어떻게 하면 깨달을 수 있겠느냐는 것이다. 제법 호기를 보인 것이지만, 선지식 앞에서는 잔꾀를 부리는 정도에 불과한 것을 어쩌랴. 이 치기어린 질문에 약산선사께서는 곧바로 화살을 쏘아 보냈다.

"자 화살을 봐라!"

이 멋진 선물을 받고도 독존(獨尊)의 자리에는 이르지도 못하고 송장이 되어 나동그라지다니… 쯧쯧! 이 어설픈 속임수를 눈감아준다면 자비로운 선지식이라고 할 수 없다.

"이 송장을 치워라!"

이 자비로운 말씀을 듣고도 도망이나 치다니…. 하긴 선사의 몽둥이 단련을 받을 정도였다면 어설픈 놀이를

강설(講說)

덕이 좋은 한 스님이 약산선사를 시험하려 했다. 그래서 비유를 들어 공격을 개시했다.

"스님께서 계신 이 평전사의 풀밭에는 크고 작은 사슴이 참 많군요. 그런데 사슴 가운데서도 왕이 되는 놈을 어떻게 쏘아 맞출 수 있습니까?"

이 물음은 부처님께서 말씀하신 독존(獨尊)의 자리를 어떻게 하면 깨달을 수 있겠느냐는 것이다. 제법 호기를 보인 것이지만, 선지식 앞에서는 잔꾀를 부리는 정도에 불과한 것을 어찌랴. 이 객기어린 질문에 약산선사께서는 곧바로 화살을 쏘아 보냈다.

"자 화살을 봐라!"

이 멋진 선물을 받고도 독존(獨尊)의 자리에는 이르지도 못하고 송장이 되어 나동그라지다니… 쯧쯧! 이 어설픈 수임수를 눈감아준다면 자비로운 선지식이라고 할 수 있다.

"이 송장을 치워라!"

이 자비로운 말씀을 듣고도 도망이나 치다니…, 허긴 선사의 몽둥이 단련을 받을 정도였다면 어설픈 놀이를 시작했는가.

“진흙덩이를 보배처럼 가지고 노는 놈이 어찌 깨달음에 이르겠는가.”

선사의 안타까움은 눈물겹다. 하지만 도망을 친 놈은 부끄러움이라도 아니 그나마 나은 편이다. 세상에는 썩은 흙덩이를 보배라고 자꾸 바꿔가며 내미는 놈들이 너무나 많다.

이 얘기를 끝내면서 설두스님께서 한 마디 보태셨다.

“세 걸음이야 도망가겠지만 다섯 걸음 안에 죽는다.”

진짜로 죽기만 한다면야 자비로운 가피를 받는 셈이겠지만, 과연 그럴 수 있을까?

2) 제8칙 오가 수산주(修山主)

시작했겠는가.

“진흙덩이를 보배처럼 가지고 노는 놈이 어찌 깨달음에 이르겠는가.”

선사의 안타까움은 눈물겹다. 하지만 도망을 친 놈은 부끄러움이라도 아니 그나마 나은 편이다. 세상에는 썩은 흙덩이를 보배라고 자꾸 바꿔가며 내미는 놈들이 너무나 많다.

이 얘기를 끝내면서 설두스님께서 한 마디 보태셨다.

“세 걸음이야 도망가겠지만 다섯 걸음 안에 죽는다.”

진짜로 죽기만 한다면야 자비로운 가피를 받은 셈이겠지만, 과연 그럴 수 있을까?

송(頌)

麈中麈를 君看取하라
주 중 주 군 간 취

下一箭하니 走三步라
하 일 전 주 삼 보

五步若活인댄
오 보 약 활

成群趁虎라
성 군 진 호

正眼從來付獵人이니라
정 안 종 래 부 렵 인

(頌後)
송 후

雪竇高聲云 看箭하라
설 두 고 성 운 간 전

큰사슴 가운데 왕을 그대여 보라.
화살 하나 쏘니 세 걸음 달아나네.
다섯 걸음에도 만약 살아있었다면
무리를 지어 호랑이를 쫓았으련만.
밝은 눈 본디 사냥꾼에게 있었다네.
(게송을 읊고 난 뒤에)
설두스님이 큰소리로 외쳤다.
"화살을 보라!"

강설(講說)

설두선사는 송에서 "큰사슴 가운데 왕을 그대여 보라. 화살 하나 쏘니 세 걸음 달아나네."라고 하여 엉뚱한 곳을 보는 질문자를 나무랐다.

큰사슴 가운데 왕을 보기나 했던가. 보아야 쏘아 맞추지. 다행히 큰사슴의 왕도 보고 쏠 줄 아는 이가 있었구나. 그러나 어쩌랴 스스로 사슴의 왕을 자처했으나 화살에 맞아 쓰러지는 꼴이라니. 송장을 끌어내라 호통치니 곧바로 달아나는구나. 그러나 겨우 세 걸음 도망가는 솜씨일 뿐이다.

이어 설두 노인네는 "다섯 걸음에도 만약 살아있었다면, 무리를 지어 호랑이를 쫓았으련만."하여 질문자를 안타까워하였다.

질문한 스님이 만약 큰사슴 가운데 왕의 능력을 지녔고 화살을 능히 낚아챌 수 있었다면, 풀밭의 모든 사슴 무리들을 이끌고 호랑이를 쫓았으련만…. 그저 안타까울 따름이다.

그리고는 설두화상이 "밝은 눈 다른 사냥꾼에게 있었다네."라고 하여 약산선사를 언급하였다

스스로 큰사슴 가운데 왕임을 과시하려는 사슴은 그저 평범한 눈이었을 뿐이니, 사냥꾼의 밝은 눈을 어찌 감당할 수 있었겠는가.

설두선사는 큰소리로 "화살을 보라!"고 하여 송을 마무리를 하였다.

설두 노인네는 누구를 위해 큰소리로 일갈한 것인가.

그리고는 설두화상이 "밝은 눈 본디 사냥꾼에게 있었다네."라고 하여 약산선사를 언급하였다

스스로 큰사슴 가운데 왕임을 과시하려는 사슴은 그저 평범한 눈이었을 뿐이니, 사냥꾼의 밝은 눈을 어찌 감당할 수 있었겠는가.

설두선사는 큰소리로 "화살을 보라!"고 하여 송을 마무리를 하였다.

설두 노인네는 누구를 위해 큰소리로 일갈한 것인가.

제82칙

대룡 법신
(大龍 法身)

대룡선사의
법신

"산꽃은 피어 비단 같고
계곡물은 맑아 쪽빛 같구나"

관음보살은 한 마디 말없이 다 설명하고,
남순동자는 한 구절도 듣지 않고도 다 알아듣는다.

강설(講說)

낚싯대를 드리우고 미끼를 던지면 눈 어둔 물고기는 낚싯줄과 바늘을 미처 모르고 덥석 물고 만다. 하지만 낚싯줄과 바늘을 아는 눈 밝은 물고기라면 웃고 지나가거나 미끼만 따 먹고 만다. 선지식이 교묘한 솜씨로 함정을 파 놓아도 안목을 갖춘 수행자는 단번에 알고 훌쩍 건너뛴다.

팔만대장경에도 없고 일상의 법도에도 그 예를 찾아볼 수 없는 언어와 행위를 하는 이가 있다면 과연 누가 그를 알아볼 수 있을까? 능히 인간과 천상의 스승이 될 수 있는 이가 있다면 능히 그 솜씨를 간파할 것이다.

그렇다면 교묘한 함정은 어떠한 것이며 틀을 벗어난 솜씨는 또 어떠한 것인가.

대룡 지홍(大龍智洪)선사는 송대(宋代)의 선승. 설봉 의존(雪峰義存)선사의 제자인 백조 지원(白兆志圓)의 법제자로 호남성 상덕부(常德府)에 있는 대룡산(大龍山)에 주석했기에 대룡선사라고 함.

강설(講說)

낚싯대를 드리우고 미끼를 던지면 눈 어둔 물고기는 낚싯줄과 바늘을 미처 모르고 덥석 물고 만다. 하지만 낚싯줄과 바늘을 아는 눈 밝은 물고기라면 웃고 지나가거나 미끼만 따 먹고 만다. 선지식이 교묘한 솜씨로 함정을 파 놓아도 안목을 갖춘 수행자는 단번에 알고 훌쩍 건너뛴다.

팔만대장경에도 없고 일상의 법도에도 그 예를 찾아 볼 수 없는 언어와 행위를 하는 이가 있다면 과연 누가 그를 알아볼 수 있을까? 능히 인간과 천상의 스승이 될 수 있는 이가 있다면 능히 그 솜씨를 간파할 것이다.

그렇다면 교묘한 함정은 어떠한 것이며 틀을 벗어난 솜씨는 또 어떠한 것인가.

대홍 지홍(大洪智洪)선사는 송대(宋代)의 선승. 설봉 의존(雪峰義存)선사의 제자인 백조 지원(白兆志圓)의 법제자로 호남성 상덕부(常德府)에 있는 대홍산(大洪山)에 주석했기에 대홍선사라고 함.

누가 "어떤 것이 부처입니까?"하고 물었더니 "그대가 부처지"라고 답했고, "어떤 것이 미묘한 것입니까?"하고 물었더니 "바람이 물소리를 베갯머리에 보내주고, 달이 산 그림자를 옮겨 침상에 이르게 하네."라고 답함. 시호는 홍제선사(弘濟禪師).

본칙(本則)

擧 僧問大龍호대 色身은 敗壞어니와 如何
거 승문대룡 색신 패괴 여하

是堅固法身이닛고 龍云 山花開似錦이요
시견고법신 룡운 산화개사금

澗水湛如藍이로다
간수잠여람

이런 얘기가 있다.

한 스님이 대룡선사께 여쭈었다. "물질로 된 몸이야 부서지고 무너지거니와 어떤 것이 견고한 진리의 몸입니까?"

대룡선사께서 말씀하셨다. "산꽃은 피어 비단 같고, 계곡물은 맑아 쪽빛 같구나."

강설(講說)

깨달음에 목마른 스님들은 언제나 의심하고 질문을 던진다. 여기 등장한 스님도 그러했을 것이다. 그래서 배운 것을 토대로 쉼 없이 질문을 던졌다. "육신은 인연 따라 만들어졌다가 사라져 갈 뿐이지만, 법신은 견고하여 허물어지지 않는다고 했는데 도대체 그 법신이란 것이 어떤 것입니까?" 배운 대로 질문을 했으니 참 모범적인 스님이다. 하지만 배우면서 한눈을 팔았던 것이 분명하다. 그렇기에 색신은 부서지고 무너지는 것이고 법신은 견고해서 무너지지 않는다고 들은 것이리라.

대룡선사는 참으로 멋쟁이시다. 배우는 사람이 두 쪽을 들고 와서 진위(眞僞)를 가려달라고 부탁을 했는데, 순식간에 기신갈은 바느질 솜씨를 발휘하여 하나로 만들어 버렸다. 그 기신갈은 바느질 솜씨를 구경해 보자.

"산에 피는 꽃들은 비단처럼 아름답고 계곡을 흐르는 물은 너무나 맑아 쪽빛이다."

아~ 누가 이 소식을 알까!

강설(講說)

깨달음에 목마른 스님들은 언제나 의심하고 질문을 던진다. 여기 등장한 스님도 그러했을 것이다. 그래서 배운 것을 토대로 선사께 질문을 던졌다. "육신은 인연따라 만들어졌다가 사라져 갈 뿐이지만, 법신은 견고하여 허물어지지 않는다고 했는데 도대체 그 법신이란 것이 어떤 것입니까?" 배운 대로 질문을 했으니 참 모범적인 스님이다. 하지만 배우면서 한눈을 팔았던 것이 분명하다. 그랬기에 색신은 부서지고 무너지는 것이고 법신은 견고해서 무너지지 않는다고 들은 것이리라.

대룡선사는 참으로 멋쟁이시다. 배우는 사람이 두 쪽을 들고 와서 진위(眞僞)를 가려달라고 부탁을 했는데, 순식간에 귀신같은 바느질 솜씨를 발휘하여 하나로 만들어 버렸다. 그 귀신같은 바느질 솜씨를 구경해 보자. "산에 피는 꽃들은 비단처럼 아름답고 계곡을 흐르는 물은 너무나 맑아 차라리 쪽빛이다."

아~ 뉘라서 이 소식을 알까!

송(頌)

問曾不知니 答還不會로다
문 증 부 지 답 환 불 회

月冷風高어늘 古巖寒檜로다
월 냉 풍 고 고 암 한 회

堪笑路逢達道人이면 不將語默對로다
감 소 로 봉 달 도 인 부 장 어 묵 대

手把白玉鞭하고 驪珠盡擊碎로다
수 파 백 옥 편 이 주 진 격 쇄

不擊碎하면 增瑕纇라
불 격 쇄 증 하 류

國有憲章하니 三千條罪로다
국 유 헌 장 삼 천 조 죄

- **달도인(達道人)**

  깨달은 사람. 성인.

- **노봉달도인(路逢達道人)부장어묵대(不將語默對)**

  당대(唐代) 위산 영우선사의 법제자인 향엄 지한(香嚴智閑, ?~898)선사의 게송에서 가져온 것.

  적적무겸대(的的無兼帶)어니 독운하의뢰(獨運何依賴)리요
  노봉달도인(路逢達道人)하면 부장어묵대(不將語默對)라
  분명하고 분명하여 짝할 것이 없으니
  홀로 움직임에 어찌 의지를 하겠는가.
  길에서 깨달은 이를 만난다면
  말이나 침묵으로 대하지 않는다네.

- **이주(驪珠)**

  이룡(驪龍)의 구슬. 즉 검은 용이 턱밑에 지녔다는 여의주.

- **하류(瑕類)**

  옥(玉)의 티와 실의 매듭. 즉 허물, 잘못된 것. 실책 등.

- **헌장(憲章)**

  헌법의 전장. 법률.

- **삼천조죄(三千條罪)**

  삼천의 조목에 해당되는 죄.

질문하는 방법 이미 몰랐으니 답에 대해서 또한 알지 못하네.

달은 차갑고 바람은 드높은데 오래된 바위 차가운 노송나무여.

우습구나, 길에서 깨달은 이 만나면

말로도 침묵으로도 대하지 않는다니.

손에는 백옥의 채찍을 쥐고 검은 용의 여의주 다 부숴버렸네.

부수지 않는다면 허물만 더하리라.

나라에는 국법이 있나니 삼천 가지 조목의 죄라네.

질문하는 방법 이미 들었으니 답에 대해서 또
한 알지 못하네.
달은 차갑고 바람은 드높은데 오래된 바위 차
가운 노송나무여.
우습구나. 길에서 깨달은 이 만나면
말로도 침묵으로도 대하지 않는다니.
손에는 백우의 채찍을 쥐고 검은 용의 여의주
다 부숴버렸네.
부수지 않는다면 허물만 더하리라.
나라에는 국법이 있나니 삼천 가지 조목의 죄
라네.

강설(講說)

설두선사는 "질문하는 방법 이미 몰랐으니, 답에 대해서 또한 알지 못하네."라고 하여 질문도 제대로 할 줄 모르는 어리석음을 밝혀 주었다. 부서지는 색신과 견고한 법신이라는 두 가지에 떨어진 질문이라니, 그 허물이 큰 줄도 모르고 질문을 하였구나. 이미 질문부터 어긋나 버렸는데, 대룡선사의 멋들어진 답인들 어찌 알아들을 리가 있겠는가.

설두 노인네는 다시 "달은 차갑고 바람은 드높은데, 오래된 바위 차가운 노송나무여."하여 대룡선사가 답해주신 비밀을 슬쩍 보였다. 대룡선사의 경지를 알겠는가?

설두 노인네가 신바람이 나셨구먼. 하긴 그렇지 않겠는가. 대룡선사의 이 멋들어진 답을 들었으니. 비록 어쭙잖은 질문을 받더라도, 선지식은 항상 할 바를 다하는 법이지. 질문한 자가 그저 아득하니, 설두 노인네가 대신 춤을 추고 있구나. 여기 누군가 입을 열어 논하려 들면, 그 즉시 달도 바람도 모습을 감추고 말리라.

설두화상은 “우습구나, 길에서 깨달은 이 만나면 말로도 침묵으로도 대하지 않는다니.”라고 하여 향엄 지한(香嚴智閑)선사의 게송을 인용하였다.

깨달은 사람을 대할 때는 말로도 대해선 안 되고 침묵으로 대해도 안 된다. 모름지기 툭 터진 경지라야 서로 보고 빙긋 웃을 수 있으리라. 하지만 이 말도 어째 목에 힘이 들어간 것이 아닌가. 대룡선사의 “산꽃은 피어 비단 같고, 계곡물은 맑아 쪽빛 같구나.”라고 한 이 멋들어진 답에는 미칠 수가 없구나.

설두 노인네가 이어서 “손에는 백옥의 채찍을 쥐고, 검은 용의 여의주 다 부숴버렸네.”라고 하여 대룡선사의 솜씨를 상기시켰다.

대룡선사의 답은 마치 백옥의 채찍과 같다. 그 채찍에 맞으면 무엇인들 무사하겠는가. 비록 질문이 날카로운 것 같으나 이미 허물을 범하였으니 재주를 부리는 검은 용의 구슬 같구나. 무슨 견고한 법신 따위란 말이냐. 투명하여 보이지도 않는 대룡선사의 “산꽃은 피어 비단 같고, 계곡물은 맑아 쪽빛 같구나.”라고 한

배웅의 계절 앞에 산산이 부서지고 마는구나.

다음으로 설두화상은 "부수지 않는다면 허물만 더하리라."고 하여 노파심을 드러내었다. 선지식이란 때로는 스스로 허물을 짓기도 하는 법이다. 만일 대통선사가 불기처럼 부수어지지 않았다면, 아마도 진펄 속으로 들어가고 말았을 것이다.

마지막으로 설두 노인네가 "나라에는 국법이 있나니, 삼천 가지 조목의 죄라네."하여 결론을 맺었다.

대통선사께서 멋진 일갈을 던지지 않았다면 불조의 등불이 위태로움을 면하였다. 그러나 입 벌려 헛소리하지 말라.

백옥의 채찍 앞에 산산이 부서지고 마는구나.

다음으로 설두화상은 "부수지 않는다면 허물만 더하리라."고 하여 노파심을 드러내었다. 선지식이란 때로는 스스로 허물을 짓기도 하는 법이다. 만일 대룡선사가 본칙처럼 부숴버리지 않았다면, 아마도 진펄 속으로 들어가고 말았을 것이다.

마지막으로 설두 노인네가 "나라에는 국법이 있나니, 삼천 가지 조목의 죄라네."하여 결론을 맺었다.

대룡선사께서 멋진 일갈을 던지지 않았다면 불조의 등불이 위태로울 뻔하였다. 그러니 입 벌려 헛소리하지 말라.

제83칙

운문 고불노주 (雲門古佛露柱)

운문선사의 오래된 불상(古佛)과 드러난 기둥(露柱)

"남산에 구름 일어나니
북산에 비가 내리도다"

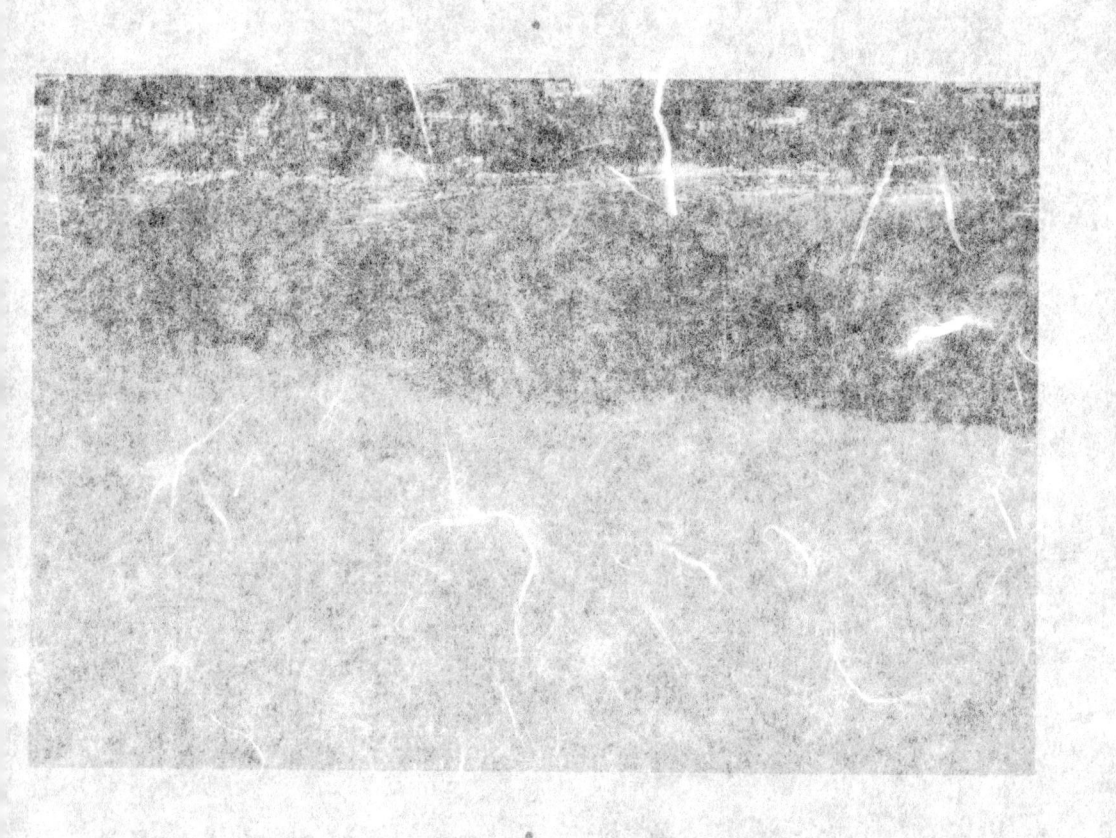

하늘과 땅과 산과 호수는 얼마나 친밀한가!
라디크 레의 봄 풍경.

라다크 레의 밤 풍경.
하늘과 별과 산과 도시는 얼마나 친할까!

본칙(本則)

擧 雲門이 示衆云 古佛與露柱相交하니
거 운문 시중운 고불여노주상교

是第幾機오 自代云 南山起雲터니 北山
시제기기 자대운 남산기운 북산

下雨로다
하우

- **고불(古佛)**

  오래된 불상

- **노주(露柱)**

  벽에 있는 기둥이 아닌 법당 안에 드러나 있는 둥근 기둥.

- **제기(第幾)**

  몇 번째.

- **기(機)**

  기교, 계기, 작용, 단계.

이런 얘기가 있다.

운문선사께서 대중들에게 말씀하셨다.

"(법당 안의) 오래된 불상(古佛)과 드러나 있는 기둥(露柱)이 서로 어울리는데 이것이 몇 번째의 단계일까?"

(아무도 말이 없자) 스스로 (대중을) 대신하여 말씀하셨다.

"남산에 구름이 일어나니, 북산에 비가 내리도다."

이런 얘기가 있다.

운문선사께서 대중들에게 말씀하셨다.

"(법당 안의) 오래된 불상(古佛)과 드러나 있는 기둥(露柱)이 서로 어울리는데 이것이 몇 번째의 단계일까?"

(아무도 말이 없자) 스스로 (대중을) 대신하여 말씀하셨다.

"남산에 구름이 일어나니, 북산에 비가 내리도다."

강설(講說)

법당에 들어가면 불상도 있고 기둥도 있고 대들보도 있고 신중단도 있다. 참 잘 어울린다. 이 어울림이 어느 정도의 경지란 말인가?

운문스님은 참 자비롭다. 아니다. 참으로 무자비하다. 석가세존 꽃 드시고 가섭존자 미소 지음에 어떤 내통이 있었을까? 달마조사와 혜가스님 사이에는 또 어떤 밀약이라도 있었던 것일까? 사람들은 오늘도 여전히 석가세존이 어떻고 가섭존자가 어떠하며 달마조사가 어땠으며 혜가가 어쨌는지를 힘주어 말하고 주장한다. 그 모든 주장들이 한 편의 코미디임을 알겠는가?

운문선사의 이 뜬금없는 질문에 모두 머리를 굴리느라고 바쁘고, 손가락 꼽아보느라고 분주하다. 그 찰나간에 운문선사의 무자비한 보검이 목을 지나고 있음을 누가 알리요.

하지만 운문선사는 참 자비롭다. 오매불망 무명(無明)을 깨뜨려주시려고 노고를 아끼지 않으신다.

"남산에 구름 일어나니 북산에 비가 내리네."

강설(講說)

법당에 들어가면 불상도 있고 기둥도 있고 대들보도 있고 신중단도 있다. 참 잘 어울린다. 이 어울림이 어느 정도의 경지란 말인가?

운문스님은 참 자비롭다. 아니다. 참으로 무자비하다. 석가세존 꽃 드시고 가섭존자 미소 지음에 어떤 내통이 있었을까? 달마조사와 혜가스님 사이에는 또 어떤 밀약이라도 있었던 것일까? 사람들은 오늘도 여전히 석가세존이 어떻고 가섭존자가 어떠하며 달마조사가 어떻으며 혜가가 어쨌는지를 힘주어 말하고 주장한다. 그 모든 주장들이 한 편의 코미디임을 알겠는가?

운문선사의 이 뜬금없는 질문에 모두 머리를 굴리느라고 바쁘고, 손가락 꼽아보느라고 분주하다. 그 후나 지금에 운문선사의 무자비한 보검이 목을 자르고 있음을 누가 알리요.

하지만 운문선사는 참 자비롭다. 오매불망 무명(無明)을 깨뜨려주시려고 노고를 아끼지 않으신다.

"남산에 구름 일어나니 북산에 비가 내리네."

이 자비로운 베풂을 아직도 분별하고 있다면 참으로 둔하고 둔하다. 궁금한가? 무슨 뜻인지를 구름과 비에게 물어보라.

송(頌)

南山雲 北山雨여
남 산 운 북 산 우

四七二三面相覩라
사 칠 이 삼 면 상 도

新羅國裏曾上堂이어늘
신 라 국 리 증 상 당

大唐國裏未打鼓로다
대 당 국 리 미 타 고

苦中樂 樂中苦여
고 중 락 낙 중 고

誰道黃金如糞土오
수 도 황 금 여 분 토

- **사칠(四七)**

  인도의 28 조사님들.

- **이삼(二三)**

  중국의 여섯 조사님.

- **상당(上堂)**

  사찰의 최고 어른 스님이 법당에 올라 법문을 하거나 선문답을 하는 것.

• **타고(打鼓)**

큰 절에서 대중을 운집시키는 방법으로 상황에 따라 목탁, 종, 북을 치게 된다. 여기서는 법회를 알리는 신호.

• **수도황금여분토(誰道黃金如糞土)**

원오 극근선사의 '평창(評唱)'에 따르면 선월(禪月)스님의 '행로난(行路難: 길을 가는 어려움)'이라는 시에서 인용한 것. '행로난'의 내용은 다음과 같다.

산고해심인불측(山高海深人不測)이며
고왕금래전청벽(古往今來轉靑碧)이로다
산 높고 바다 깊어 사람이 측량할 수 없는데
예로부터 지금까지 푸름을 더해 가네.
천근경부막여교(淺近輕浮莫與交)하라
지비지해생형극(地卑只解生荊棘)이니라
천박하고 경솔한 자와는 사귀지 말게,
땅이 거칠면 가시덤불만 나는 것이라네.
수도황금여분토(誰道黃金如糞土)오
장이진여단소식(張耳陳餘斷消息)이로다
누가 황금이 똥과 같다고 말했는가,
장이와 진여는 소식이 끊겼다네.
행로난(行路難) 행로난(行路難)이여 군자간(君自看)하라
가는 길 어려움이여, 가는 길 어려움이여! 그대 스스로 살펴보라!

남산의 구름, 북산의 비여!
인도 중국 모든 조사가 만나서 서로 보네.
신라 땅에서는 이미 법회를 하고 있는데,
당나라에서는 북도 치지 않았구나.
괴로움 가운데 즐거움,
즐거움 가운데 괴로움!
뉘라서 황금이 똥과 같다고 말했는가.

강설(講說)

운문선사의 고불(古佛)과 노주(露柱)의 관계에 대해 남산의 구름 북산의 비라고 하신 부분을 두고 설두선사는 "남산의 구름, 북산의 비여! 인도 중국 모든 조사가 만나서 서로 보네."라고 평하셨다.

남산에 구름 일고 북산에서 비 오는 도리를 뭐라고 다시 덧붙여 표현하랴. 이보다 더 멋진 답을 누가 할 수 있으리오. 이는 오직 운문선사만이 할 수 있는 말씀이다. 모든 조사님들이 만나면 무슨 얘기를 할까? 궁금하다면 조사님들을 만나보라. 그러나 행여나 남산 북산을 오가며 힘 빼는 일은 하지 말 것.

이어 설두 노인네는 "신라 나라에서는 이미 법회 중인데, 당나라에서는 북도 치지 않았구나."라고 하여 수고히 들어갈 곳을 열어 주셨다.

신라에서 행하는 법회와 당나라에서 대중을 모으는 것이 무슨 상관이랴. 털끝 만큼도 부질없이 먼 길을 오갔고, 해가스님은 괜스레 헛을 칠었구나. 비록 그것이 거룩하기는 하나 정인의 전통으로 삼을 필요 있겠는

강설(講說)

운문선사의 고불(古佛)과 노주(露柱)의 관계에 대해 '남산의 구름 북산의 비'라고 하신 부분을 두고 설두선사는 "남산의 구름, 북산의 비여! 인도 중국 모든 조사가 만나서 서로 보네."라고 평하셨다.

남산에 구름 일고 북산에서 비 오는 도리를 뭐라고 다시 덧붙여 표현하랴. 이보다 더 멋진 답을 누가 할 수 있으리오. 이는 오직 운문선사만이 할 수 있는 말씀이다. 모든 조사님들이 만나면 무슨 얘기를 할까? 궁금하다면 조사님들을 만나보라. 그러나 괜스레 남산 북산을 오가며 힘 빼는 일은 하지 말 것.

이어 설두 노인네는 "신라 나라에서는 이미 법회 중인데, 당나라에서는 북도 치지 않았구나."라고 하여 은근히 들어갈 곳을 열어 주셨다.

신라에서 행하는 법회와 당나라에서 대중을 모으는 것이 무슨 상관이람. 달마 영감도 부질없이 먼 길을 오셨고, 혜가스님은 괜스레 팔을 잘랐구나. 비록 그것이 거룩하기는 하나 집안의 전통으로 삼을 필요 있겠는

가. 그 모양새 따라 한다고 괴이한 모습으로 뒤뚱거리며 싸돌아다니지 말라.

설두 노인네의 노파심으로 결국 이렇게 실토하고 말았다. "괴로움 가운데 즐거움, 즐거움 가운데 괴로움!"
어떤 이는 동방의 예토(穢土)에서 껄껄대고 웃는데, 어떤 이는 서방의 정토(淨土)에서 땅을 치고 우는구나. 괴로움과 즐거움이 어디에 있는지를 살펴보라. 둘이 무슨 관계가 있는가.

설두선사는 끝으로 "누가 황금이 똥과 같다고 말했는가."라고 결론지었다.
이 구절은 주석에서 살폈듯이 장이(張耳)와 진여(陳餘)에 대한 얘기와 관계가 있다.
둘은 전국시대 조(趙)나라 사람이었다. 둘은 목이 달아나도 변치 않을 것 같은 친구지간이었다. 사람들은 둘의 관계에 비하면 황금도 오히려 똥과 같다고 말하곤 했다. 뒷날 정치적 격변 속에서 둘은 적이 되고 말았다. 장이는 유방을 섬겼고, 진여는 조왕을 옹립하여

대립하게 되었다. 진여는 장이를 무너뜨리고 조나라의 대왕(代王)이 되었다. 후에 장이가 한나라에 투항하여 조나라를 멸망시켰고, 진여를 죽이고 조나라의 왕에 봉해졌다. 둘의 관계는 결국 똥보다도 못한 관계로 끝나버린 것이다.

진리를 논함에는 범부의 정이나 의리나 관념 따위가 붙어서는 안 된다. 그런 것을 떠나서 보면 구름과 비와 오래된 불상과 법당의 기둥이 제대로 보일 것이다. 선지식이 정을 베풀면 둘 다 죽는다.

제84칙

유마 묵연
(維摩默然)

유마거사의
침묵

"어떤 문답도 초월해야만
둘 아닌 진리에 들어가는 법"

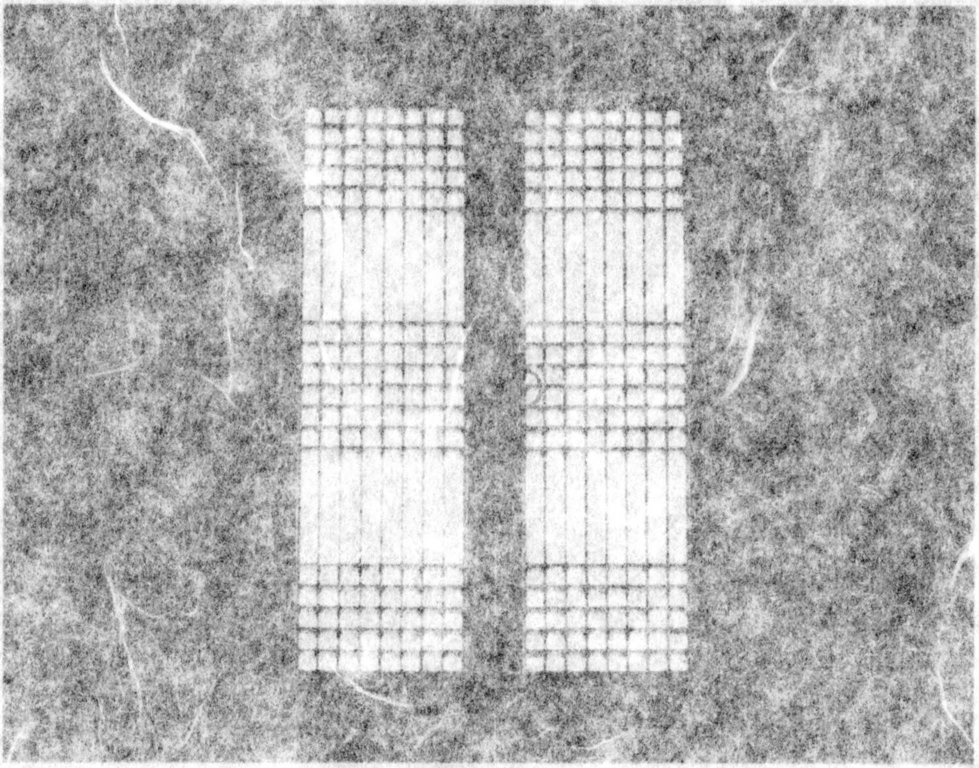

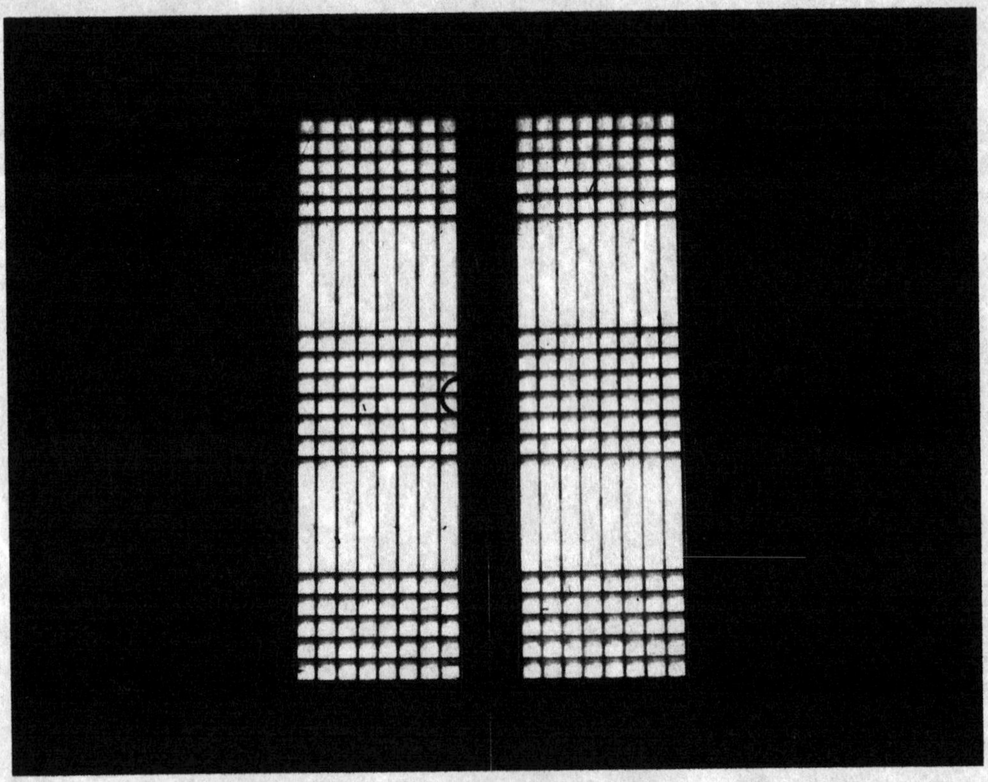

문만 밝다는 것은 문을 열지 않았다는 것이며,
안도 바깥도 잘 보지 못하고 있다는 뜻이다.

강설(講說)

세상의 모든 것이 얼핏 보면 상대적인 모습을 보이는 듯하고, 사람들 또한 상대적인 잣대로 세상을 재단하려고 한다. 하지만 그 상대적인 모습이 본디 둘이 따로 있다가 만난 별개의 것이 아니다. 사람들의 상대적인 판단 또한 어떤 기준을 세운 후에야 만들어지는 것이다. 빈부, 행불행, 장단, 명암, 선악 등으로 세상을 바라보려고 하면 근본자리는 보이지 않는다. 그러므로 근원적인 세계를 깨닫고자 한다면 그 두 가지로부터 완전히 자유로워져야만 한다. 그 근원이 만일 자신의 본성이라면, 시비분별하고 손익계산을 하는 동안에는 결코 만날 수 없다. 그 모든 것을 그만둘 때, 비로소 진공묘유(眞空妙有)니 확연무성(廓然無聖)이니 사고무인(四顧無人)이니 하는 경지에 서게 되는 것이다.

불교의 가르침에는 무수한 교리체계가 있다. 이 교리라는 것이 모두가 병(病)을 치유하기 위한 처방전에 불과하다. 그러므로 처방전을 보물로 여길 것이 아니라 건강한 상태로 돌아감을 소중히 생각해야 한다.

강설(講說)

세상의 모든 것이 얼핏 보면 상대적인 모습을 보이는 듯하고, 사람들 또한 상대적인 잣대로 세상을 재단하려고 한다. 하지만 그 상대적인 모습이 본디 둘이 따로 있다거나 만난 별개의 것이 아니다. 사람들의 상대적인 판단 또한 어떤 기준을 세운 후에야 만들어지는 것이다. 빈부, 행불행, 장단, 미추, 선악 등으로 세상을 바라보려고 하면 근본자리는 보이지 않는다. 그러므로 근원적인 세계를 깨닫고자 한다면 그 두 가지로부터 완전히 자유로워져야만 한다. 그 근원이 바로 자신의 본성이라면, 시비분별하고 손익계산을 하는 동안에는 결코 만날 수 없다. 그 모든 것을 그쳤을 때, 비로소 진공묘유(眞空妙有)나 확연무성(廓然無聖)이니 사고무인(四顧無人)이니 하는 경지에 서게 되는 것이다.

불교의 가르침에는 무수한 교리체계가 있다. 이 교리라는 것이 모두가 병(病)을 치유하기 위한 처방전에 불과하다. 그러므로 처방전을 보물로 여길 것이 아니라 건강한 상태로 돌아감을 소중히 생각해야 한다.

건강을 완전히 회복한 상태인 깨달음에 대한 표현 또한 가지각색이다. 하지만 깨닫지 못한 사람에게는 그 모든 표현이 부질없는 것이다. 만약 스스로 깨달은 이라면 그 모든 표현이 모두 같은 것임을 안다. 그러니 깨닫지 못한 상태에서 깨달음에 대한 표현들을 외워 자랑할 것 없다. 모두 눈병이 있는 자가 보는 허공의 꽃일 뿐이기 때문이다.

본칙(本則)

擧 維摩詰이 問文殊師利호대 何等이 是
거 유마힐 문문수사리 하등 시

菩薩入不二法門이닛고 文殊曰 如我意
보살입불이법문 문수왈 여아의

者는 於一切法에 無言無說하며 無示無
자 어일체법 무언무설 무시무

識하야 離諸問答이 是爲入不二法門이니
식 이제문답 시위입불이법문

다 於是에 文殊師利問維摩詰호대 我等이
어시 문수사리문유마힐 아등

各自說已하니 仁者當說하소서 何等이 是
각자설이 인자당설 하등 시

菩薩入不二法門이닛고
보살입불이법문

雪竇云 維摩道什麽오
설두운 유마도십마

復云 勘破了也라
부운 감파료야

이런 얘기가 있다. 유마힐이 문수사리에게 물었다. “어떤 것이 보살이 둘 아닌 진리의 문에 들어가는 것입니까?”

문수보살이 답하였다. “내 생각으로는 모든 존재란 말로 설명할 수가 없고, 보일 수가 없으며 알 수도 없어서, 어떤 종류의 문답도 초월한 것이 둘 아닌 진리의 문에 들어가는 것이 됩니다.”

이번에는 문수사리가 유마힐에게 물었다. “우리가 각자 설명했으니 거사님이 말씀하시지요. 어떤 것이 보살이 둘 아닌 진리의 문에 들어가는 것입니까?”

설두스님이 말했다. “유마거사는 뭐라고 말할까?” 다시 말했다. “파악해 버렸다.”

강설(講說)

어느 한쪽에 치우친 이들에게 가차 없이 그 잘못을 나무라던 유마거사가 병을 핑계로 꼼짝을 하지 않으니, 문수보살을 필두로 보살들이 문병을 갔다.

유마거사는 자신이 그토록 강조하던 치우침 없는 경지를 분명히 밝혀두고 싶었던 모양이다. 하긴 얼마나 많은 이들이 부처님의 가르침을 두고 언어의 표현에 치우쳐 그 본질을 등졌던가. 그래서 대승보살들에게 '둘 아닌 진리의 문에 드는 것(入不二法門)'에 대해 질문을 던졌다. 모든 보살들이 각자 설명을 했고, 마지막으로 문수보살이 설명을 했다. 이런 설명은 사실 유마거사도 평소에 하던 얘기들이었다. 그런데 유마거사의 이 불이법문은 또 많은 오해를 불러일으켰다. 지금도 유마의 애기 따윈 부처님의 가르침이 아니라고 언성을 높이는 이들이 또 얼마나 많은가. 그래서 유마는 병을 핑계로 자신의 불이법문(不二法門)을 확실히 하고자 한 것이다.

문수보살의 설명은 언어의 극치를 보여준다. 문수보살이 아니라면 이보다 명쾌하게 설명하는 것이 불가능

하다. 역할을 바꿨다면 유마거사도 이와 같은 설명을 했을 것이다. 아니 이미 『유마경』의 여러 곳에서 이와 같은 언어를 구사했었다. 하지만 언어란 완벽하지 않다.

본칙에서는 유마거사의 침묵이 언급되지 않았다. 대신 설두선사의 반문이 있다. "유마거사는 뭐라고 할까?" 그리고는 혼잣말처럼 한마디 한다. "파악해 버렸구나."

설두선사는 누구를 위해 이런 언급을 한 것일까?

송(頌)

咄 這維摩老여 悲生空懊惱로다
돌 저유마노 비생공오뇌

臥疾毗耶離하니 全身太枯槁라
와질비야리 전신태고고

七佛祖師來하니 一室且頻掃로다
칠불조사래 일실차빈소

請問不二門하니 當時便靠倒라
청문불이문 당시변고도

不靠倒여 金毛獅子無處討로다
불고도 금모사자무처토

- **돌(咄)**

  쯧쯧, 쳇 등으로 상대를 평하는 말.

- **비생(悲生)**

  중생을 가엾이 여김. 『유마경』에서 유마거사가 '중생이 병이 들었기에 자기도 병들었다'고 한 내용을 가리킴.

- **비야리(毗耶離)**

  『유마경』에서 유마거사가 활동을 한 바이샬리(Vaisali).

- **칠불조사(七佛祖師)**

  문수보살. 과거칠불인 비바시불(毘婆尸佛) · 시기불(尸棄佛) · 비사부불(毘舍浮佛) · 구류손불(拘留孫佛) · 구나함불(拘那含佛) · 가섭불(迦葉佛) · 석가모니불(釋迦牟尼佛)을 도와 성불케 한 보살이라는 뜻.

- **금모사자(金毛獅子)**

  문수보살. 문수보살이 사자를 타고 다닌다고 해서 나온 말.

쯧쯧, 이 유마 늙은이여!

중생 가엾이 여겨 부질없이 괴로워하는구나.

비야리에 병들어 누웠으니, 전신이 비쩍 말랐네.

칠불의 조사가 온다 하니, 온 방을 서둘러 청소하였구나.

둘 아닌 진리 문에 드는 것 묻자, 그때 문득 쓰러질 뻔했었네.

쓰러지지 않았음이여! 문수보살이라도 찾을 곳이 없구나.

설두선사는 송의 전반부에서 "쯧쯧, 이 유마 늙은이여! 중생 가엾이 여겨 부질없이 괴로워하는구나. 비야리에 병들어 누웠으니 전신이 바짝 말랐네. 칠불의 조사가 온다 하니, 온 방을 서둘러 청소하였구나."라고 하여 유마거사의 신통방편과 지혜를 슬쩍 누설했다.

중생이 병들었기에 자신도 병들었다는 방편을 간파하여, 설두 노인네가 유마거사를 측은하게 여김과 동시에 한번 후려쳤다. 그런데 온몸이 바짝 말랐다고 한 설두스님의 평가는 무엇인가? 유마거사의 방편에도 떨어지지 말고 설두스님의 농담에도 떨어지지 않아야 할 것이다.

유마거사는 문수보살 일행이 방문한다는 소식을 듣자 자신이 누워있던 침상을 제외한 모든 가구 등을 방에서 다 치워버렸다. 치운 것은 무엇이며, 남겨둔 침상은 또 무엇인가?

유마거사는 설법을 아주 많이 했었다. 그런 반면 근본 도리에서 보자면 허물 또한 적지 않다. 천하의 문수보살이 그 허물에 대해 그냥 넘어가진 않을 것이 분명

강설(講說)

설두선사는 송의 전반부에서 "쯧쯧, 이 유마 늙은이여! 중생 가엾이 여겨 부질없이 괴로워하는구나. 비야리에 병들어 누웠으니 전신이 비쩍 말랐네. 칠불의 조사가 온다 하니, 온 방을 서둘러 청소하였구나."라고 하여 유마거사의 선교방편과 지혜를 슬쩍 누설했다.

중생이 병들었기에 자신도 병들었다는 방편을 간파하여, 설두 노인네가 유마거사를 측은하게 여김과 동시에 한번 후려쳤다. 그런데 온몸이 비쩍 말랐다고 한 설두스님의 평가는 무엇인가? 유마거사의 방편에도 떨어지지 말고 설두스님의 농담에도 떨어지지 않아야 할 것이다.

유마거사는 문수보살 일행이 방문한다는 소식을 듣자 자신이 누워있던 침상을 제외한 모든 가구 등을 방에서 다 치워버렸다. 치운 것은 무엇이며, 남겨둔 침상은 또 무엇인가?

유마거사는 설법을 아주 많이 했었다. 그런 만큼 근본 도리에서 보자면 허물 또한 적지 않다. 천하의 문수보살이 그 허물에 대해 그냥 넘어가진 않을 것이 분명했다. 그러니 오직 하나만 두고 깨끗이 흔적을 없애버린 것이다. 그 하나가 무엇일까? 침상이라는 잠꼬대는 하지 말 것.

설두 노인네가 송의 후반부에서 "둘 아닌 진리 문에 드는 것 묻자, 그때 문득 쓰러질 뻔했었네. 쓰러지지 않았음이여! 문수보살이라도 찾을 곳이 없구나."라고 하여 두 고수의 불꽃 튀는 겨룸을 평가했다.

유마거사가 선수를 쳐서 자신의 허물을 모든 보살들에게 떠넘겨 버렸다. 하지만 문수보살의 방패는 뚫리지 않았다. 언어로 할 수 있는 최고의 표현을 문수보살이 보여주었다. 이어 곧바로 유마거사가 사용했던 창으로 유마를 공격해 버렸다. 설두스님은 이것을 두고 "하마터면 유마가 쓰러질 뻔했다."고 평했다.

그런데 또 하나의 방패가 남았었다. 그것은 석가모니께서도 즐겨 사용하셨던 방패이다. 이미 문수보살 일행이 도착하기 전에 방 청소를 마친 유마가 아니던가. 유마는 또 한 번 그 방법을 사용했다. 자신이 지금까지 남겼던 모든 허물을 싹 쓸어서 없애버린 것이다.

했다. 그러니 오직 하나만 두고 제것의 흔적을 없애버린 것이다. 그 하나가 무엇일까? 침상이라는 걸 모르는 척하지 말 것.

설두 노인네가 송의 후반부에서 "둘 아닌 진리 문에 드는 것 묻지. 그때 문득 쓰러질 뻔했었네. 쓰러지지 않았음이여! 문수보살이라도 찾을 곳이 없구나."라고 하여 두 고수의 불꽃 튀는 겨룸을 평가했다.

유마거사가 선수를 쳐서 자신의 허물을 모든 보살들에게 떠넘겨 버렸다. 하지만 문수보살의 방패는 뚫리지 않았다. 언어로 할 수 있는 최고의 표현을 문수보살이 보여주었다. 이어 곧바로 유마거사가 사용했던 창으로 유마를 공격해 버렸다. 설두스님은 이것을 두고 "하마터면 유마가 쓰러질 뻔했다."고 평했다.

그럼에도 하나의 방패가 남았었다. 그것은 석가모니께서도 즐겨 사용하셨던 방패이다. 이미 문수보살 일행이 도착하기 전에 방 청소를 마친 유마가 아니던가. 유마는 또 한 번 그 방법을 사용했다. 자신이 지금까지 남겼던 모든 허물을 싹 쓸어서 없애버린 것이다.

설두 노인네가 "찾을 곳이 없다"고 했는데, 참 적절한 표현이다. 그러나 한편 문수보살이 아니었더라면, 유마는 영영 진면목을 드러내기 어려웠을 것이다.

제85칙

동봉 호성
(棟峰虎聲)

동봉의
호랑이 울음

"보고도 때려잡지 못하면
생각하길 천리나 하리"

태양을 쪼는 세 발 달린 까마귀(三足烏)가 되려면
자신이 태양이 되어야만 한다.

태양을 쪼는 세 발 달린 까마귀(三足鳥)가 되려면
자신이 태양이 되어야만 한다.

강설(講說)

수행자나 지도자는 어정쩡해서는 안 된다. 어느 한쪽에 치우쳐 어설픈 소리나 해서는 이미 잘못된 것이다. 누가 어떤 공격을 가해 오더라도 그것을 분명히 타파하고, 논리정연하게 그를 제압할 수 있어야 한다. 이것이 수행자의 바른 법령(法令)이다.

깨달음의 지혜에 이른 사람은 세상사 그 모든 실상을 파악하고 있어야 한다. 그래야만 눈 밝은 사람이라고 할 수 있다.

선지식은 지도를 할 때 쇠를 능히 보검으로 바꿀 수 있어야 하고, 어설픈 검이라면 그것이 쇠에 불과함을 밝힐 수 있어야 한다. 때로는 진면목을 드러내게 돕고, 때로는 온갖 상(相)을 깨뜨릴 수 있어야 바른 지도자라고 할 것이다.

수행자는 언어 문자의 희롱에 놀아나서는 안 된다. 핵심을 꿰고 장벽 같은 논리도 갖추어서 찰나도 소홀해서는 안 되는 것이다. 이런 것을 수행자의 기상(氣像)이라고 할 수 있다.

강설(講說)

수행자나 지도자는 어정쩡해서는 안 된다. 어느 한쪽에 치우쳐 어설픈 소리나 해서는 이미 잘못된 것이다. 누가 어떤 공격을 가해 오더라도 그것을 분명히 타파하고, 논리정연하게 그를 제압할 수 있어야 한다. 이것이 수행자의 바른 법령(法令)이다.

깨달음의 지혜에 이른 사람은 세상사 그 모든 실상을 파악하고 있어야 한다. 그래야만 눈 밝은 사람이라고 할 수 있다.

선지식은 지도를 할 때 상대를 능히 보검으로 바꿀 수 있어야 하고, 어설픈 검이라면 그것이 쇠에 불과함을 밝힐 수 있어야 한다. 때로는 진면목을 드러내게 두고, 때로는 온갖 상(相)을 깨뜨릴 수 있어야 바른 지도자라고 할 것이다.

수행자는 언어 문자의 희롱에 놀아나서는 안 된다. 핵심을 꿰고 장벽 같은 논리로 갖추어서 칼날로 소홀해서는 안 되는 것이다. 이런 것을 수행자의 기상(氣像)이라고 할 수 있다.

■ 동봉암주(桐峰庵主)는 백장(百丈)선사의 문하(門下)의 수행자로 대매(大梅), 백운(白雲), 호계(虎溪)와 더불어 네 암주(庵主)에 속한 인물이라는 것만 전함.

본칙(本則)

擧 僧이 到桐峰庵主處하야 便問호대 這裏
거 승 도동봉암주처 변문 저리

에 忽逢大蟲時 又作麽生고 庵主便作虎
홀봉대충시 우자마생 암주변작호

聲하니 僧이 便作怕勢어늘 庵主呵呵大笑
성 승 변작파세 암주가가대소

라 僧云 這老賊하니 庵主云 爭那老僧何
승운 저노적 암주운 쟁나노승하

오 僧이 休去하다
승 휴거

雪竇云 是則是나 兩箇惡賊只解掩耳
설두운 시즉시 양개악적지해엄이

偸鈴이로다
투령

이런 얘기가 있다. 어떤 스님이 통봉암주의 거처에 이르러 곧바로 물었다. "여기서 갑자기 호랑이를 만날 때는 다시 어떻게 하시겠습니까?"

암주가 곧바로 호랑이 울음소리를 내지르니 그 스님이 곧 겁먹은 시늉을 하였고, 암주가 껄껄대며 웃었다.

그 스님이 말했다. "이 늙은 도적아!"

암주가 말했다. "나를 어쩔 셈이냐?"

그 스님이 잠자코 가버렸다.

설두 노인네가 한마디 하였다. "옳긴 옳으나 둘 다 다만 귀를 막고 방울을 훔칠 줄만 아는 못된 도적이다."

《벽암록(碧巖錄)》

이런 얘기가 있다. 어떤 스님이 동봉암주의 거처에 이르러 곧바로 물었다. "여기서 갑자기 호랑이를 만날 때는 다시 어떻게 하시겠습니까?"

암주가 곧바로 호랑이 울음소리를 내지르니 그 스님이 곧 겁먹은 시늉을 하였고, 암주가 껄껄대며 웃었다.

그 스님이 말했다. "이 늙은 도적아!"

암주가 말했다. "나를 어쩔 셈이냐?"

그 스님이 잠자코 가버렸다.

설두 노인네가 한마디 하셨다. "옳긴 옳으나 둘 다 다만 귀를 막고 방울을 훔칠 줄만 아는 못된 도적이다."

강설(講說)

아름다운 얘기를 들었는데, 특별한 감흥도 없고 가슴 찡한 것도 없을 때가 있다. 위의 만남이 그렇다. 만일 목숨을 걸고 벼랑 위에 서 본 사람이라면 무엇이 잘못 되었는지를 금방 알 것이다.

호랑이를 만났으니 호랑이로 맞섰고, 다시 호랑이를 만났으니 겁먹은 모습을 보였다. 자 무엇이 잘못일까? 연기는 잘하였지만 영혼이 없는 영화배우와 같다. 이래서야 어찌 대장부라고 할 수 있겠는가? 겁먹은 모습을 보며 껄껄대고 웃고 있으니, 진흙탕 속에 들면서 호기를 부릴 참인가?

객이 겨우 정신을 차리고 한 방 제대로 먹일 기회를 얻었지만 놓쳤다. "이 늙은 도적 같으니라고!" 이렇게 한가로워서야 어쩌누.

동봉암주 또한 제대로 자비를 베풀 기회가 또 있었건만 그저 넋두리만 늘어놓고 있다. "너 같은 놈이 감히 날 어쩔 수 있겠는가?" 아이고, 이 넋두리를 듣고 꽁무니를 빼는 꼬락서니라니. 애초에 호랑이를 들먹이지나 말든지.

이 모양을 그냥 보고 지나칠 설두 노인네가 아니지. "제법 근사하게 모양을 갖추긴 했다만, 그거야 마치 자기 귀를 틀어막고 남의 귀한 방울을 훔치는 어설픈 도적과 무엇이 다른가."

송(頌)

見之不取하면 思之千里하리라
견 지 불 취 사 지 천 리

好箇斑斑이여 爪牙未備로다
호 개 반 반 조 아 미 비

君不見가
군 불 견

大雄山下忽相逢하니
대 웅 산 하 홀 상 봉

落落聲光皆振地로다
낙 락 성 광 개 진 지

大丈夫見也無아
대 장 부 견 야 무

收虎尾兮捋虎鬚로다
수 호 미 혜 랄 호 수

- **반반(斑斑)**

  얼룩무늬. 호랑이가죽 무늬.

- **낙락(落落)**

  비범하다. 대범하다.

호랑이를 보고도 때려잡지 못하면
호랑이를 생각하길 천리나 하리라.
좋구나 호랑이의 얼룩덜룩한 무늬여,
발톱과 이빨은 갖추지 못했구나.
그대는 알지 못하는가?
대웅산 아래에서 문득 서로 만나
우렁찬 소리 기세 모두 대지 흔든 것을.
대장부여 봤는가?
범의 꼬리 거두고 범의 수염 잡았도다.

강설(講說)

설두선사는 두 사람의 만남을 두고 "범을 보고도 때려잡지 못하면, 범을 생각하길 천리나 하리라."고 하였다.

호랑이를 사냥하려면 호랑이를 때려잡을 솜씨가 있어야 한다. 그렇지 못하면 호랑이에게 물려 죽거나 병신이 되거나 놓치거나 한다. 다행히 살아남아 뒤늦은 후회를 해 본들 호랑이는 이미 사라진 지 오래이다.

이어 설두 노인네 두 사람의 경지를 두고 "좋구나 호랑이의 얼룩덜룩한 무늬여, 발톱과 이빨은 갖추지 못했구나."라고 평했다.

호랑이 울음소리 내지를 때까진 근사해 보였다. 호랑이는 호랑이를 두려워할 필요가 없는 법이지. 하지만 상대는 호랑이도 아니었고 사냥꾼은 더더욱 아니었구나. 괜스레 겁먹은 시늉 따위를 하다니. 그들은 둘 다 호랑이도 못 되고 사냥꾼도 못 되고 말았다.

다음으로 설두선사는 "그대는 알지 못하는가? 대웅

강설(講說)

철우선사는 두 사람의 만남을 두고 "범을 보고도 때려잡지 못하면, 범을 생각하길 원리나 하리라."고 하였다.

호랑이를 사랑하려면 호랑이를 때려잡을 솜씨가 있어야 한다. 그렇지 못하면 호랑이에게 물려 죽거나 병신이 되거나 놓치거나 한다. 다행히 살아남아 뒤늦은 후회를 해 봤자 호랑이는 이미 사라진 지 오래이다.

이에 철우 노인네 두 사람의 정사를 두고 "좋구나 호랑이의 얼룩덜룩한 무늬여. 발톱과 이빨은 갖추지 못했구나."라고 평했다.

호랑이 울음소리 내지를 때까진 근사해 보였다. 호랑이는 호랑이를 두려워할 필요가 없는 법이지. 하지만 상대는 호랑이도 아니었고 사냥꾼은 더더욱 아니었구나. 괜스레 집적은 시늉 따위를 하다니. 그들은 둘 다 호랑이도 못 되고 사냥꾼도 못 되고 말았다.

다음으로 철우선사는 "그대는 일지 못하는가?" 대응

산 어귀에서 문득 서로 만나, 우렁찬 소리 기세 모두 대지 훑은 것을. "이로 하여 대부분 알고 있는 백장선사와 제자 황벽의 얘기를 슬쩍 가져와서 본래의 얘기가 어떻게 잘못되었는지를 살펴보게 하였다.

〈백장〉 "어딜 갔다 오느냐?"

〈황벽〉 "산에 버섯 따러 갔다 옵니다."

〈백장〉 "호랑이를 보았느냐?"

황벽이 호랑이 울음을 내지르자 백장선사가 도끼로 찍는 시늉을 하였고, 황벽이 스승 백장의 따귀를 갈겼다. 백장선사는 껄껄대며 당신의 방으로 들어갔다. 백장선사가 저녁에 상당하여 말했다. "대웅산에 호랑이 한 마리가 있으니 잘 살펴라. 나는 오늘 한 번 물렸다."

한 치도 물러섬이 없는 두 호랑이의 진면목을 볼 수 있다면, 그도 곧 살활을 펼게 할 수 있으리라.

설두 노인네가 "대웅봉이 빛났는가? 범의 꼬리 거두고 범의 수염 잡았도다." 하여 백장선사와 황벽선사의 일화의 마무리를 지었다.

산 아래에서 문득 서로 만나, 우렁찬 소리 기세 모두 대지 흔든 것을."이라 하여 대부분 알고 있는 백장선사와 제자 황벽의 얘기를 슬쩍 가져와서 본칙의 얘기가 어떻게 잘못되었는지를 살펴보게 하였다.

〈백장〉 "어딜 갔다 오느냐?"

〈황벽〉 "산에 버섯 따러 갔다 옵니다."

〈백장〉 "호랑이를 보았느냐?"

황벽이 호랑이 울음을 내지르자 백장선사가 도끼로 찍는 시늉을 하였고, 황벽이 스승 백장의 따귀를 갈겼다. 백장선사는 껄껄대며 당신의 방으로 돌아갔다. 백장선사가 저녁에 상당하여 말했다. "대웅산에 호랑이 한 마리가 있으니 잘 살펴봐라. 나는 오늘 한 번 물렸다."

한 치도 물러섬이 없는 두 호랑이의 진면목을 볼 수 있다면, 그도 곧 산천을 떨게 할 수 있으리라.

설두 노인네가 "대장부여 봤는가? 범의 꼬리 거두고 범의 수염 잡았도다."하여 백장선사와 황벽선사의 일화의 마무리를 지었다.

어느 날 위산선사가 제자 앙산과 대화를 나누었다.

"황벽의 호랑이 얘기를 어떻게 보느냐?" "스승님의 뜻은 어떠합니까?" "백장스님이 당시에 도끼로 때려 잡았어야 했는데, 무엇 때문에 이 지경에 이르도록 했을까?" "그렇지 않습니다." "자네는 어떻게 보는가?" "호랑이의 머리에 올라탔을 뿐만 아니라 호랑이의 꼬리도 거둘 줄 알았던 것입니다." "자네에게 험준한 언구가 있군."

모름지기 대장부라면 백장선사와 황벽선사를 넘어서야 하고, 위산선사와 앙산선사의 안목보다 밝아야 하지 않겠는가. 그렇지 않다면 동봉암주나 암주를 찾아온 수행자의 꼴을 면치 못할 것이다.

제86칙

운문 주고삼문 (雲門廚庫三門)

운문선사의 부엌과 삼문

"거꾸로 소를 타고서도 불전에 들 수 있겠는가"

오체투지로 순례의 길을 가는 사람은
어디를 향해 절을 하고 있을까?

강설(講說)

선지식은 작은 지식 따위에 매여 있어서는 안 된다. 깨달음이란 본디 광활하고 온갖 것을 다 포용하면서도 또한 모든 것을 초월한다. 흔히 작은 소견으로 깨달았다고 착각하는 이들이 있으나 그런 소견은 새로운 문제에 봉착하면 곧바로 무용지물이 되어버린다. 지도자가 되려면 배우는 이의 모든 재주와 머리 굴림을 그대로 볼 수 있어야 하고, 그가 어떤 망상을 피우는지를 명확히 알아야 한다. 그렇지 않으면 지도는커녕 말려들게 되는 것이다.

참된 깨달음이란 어떤 것인가? 진리는 또 어떤가? 이는 모든 언어와 논리를 초월하고 있기에 설명하려고 하면 이미 어긋나 버리고, 머리를 굴려 지식으로 답을 찾으려 한다면 벌써 잘못되어 버린다. 그래서 말이 떨어지기 전에 알아차려야 한다. 선지식도 어정쩡한 교학 따위로 그것을 설명하려 드는 순간 이미 몽둥이를 부르는 화를 자초하는 것이다. 그렇다면 선지식은 어떻게 언어와 논리에 떨어지지 않고 지도할 수 있으며, 학인은 어떻게 엄청난 함정을 타파할 수 있을까?

강설(講說)

선지식은 작은 지식 따위에 매여 있어서는 안 된다. 깨달음이란 본디 광활하고 온갖 것을 다 포용하면서도 또한 모든 것을 초월한다. 흔히 작은 소견으로 깨달았다고 착각하는 이들이 있으나 그런 소견은 새로운 문제에 봉착하면 곧바로 무용지물이 되어버린다. 지도자가 되려면 배우는 이의 모든 재주와 따라 물음을 그대로 볼 수 있어야 하고, 그가 어떤 망상을 피우는지를 명확히 알아야 한다. 그렇지 않으면 지도는커녕 말려들게 되는 것이다.

참된 깨달음이란 어떤 것인가? 진리는 또 어떤가? 이는 모든 앎이와 논리를 초월하고 있기에 설명하려고 하면 이미 어긋나 버리고, 머리를 굴려 지식으로 답을 찾으려 한다면 벌써 잘못 되어 버린다. 그래서 말이 떨어지기 전에 알아차려야 한다. 선지식도 이중적인 표현 따위로 그것을 설명하려 드는 순간 이미 몽둥이를 부르는 화를 자초하는 것이다. 그렇다면 선지식은 어떻게 앎이와 논리에 떨어지지 않고 지도할 수 있으며, 학인은 어떻게 엄청난 함정을 타파할 수 있을까?

본칙(本則)

擧 雲門이 垂語云 人人이 盡有光明在나
거 운문 수어운 인인 진유광명재

看時不見暗昏昏이니라 作麽生이 是諸人
간 시 불 견 암 혼 혼 자 마 생 시 제 인

光明고
광 명

自代云 廚庫三門이니라
자 대 운 주 고 삼 문

又云 好事도 不如無니라
우 운 호 사 불 여 무

- **주고(廚庫)**

  절의 부엌이나 주식과 부식을 보관하는 창고. 아주 은밀한 곳을 상징함.

- **삼문(三門)**

  ① 법공(法空) · 열반(涅槃)으로 들어가는 3가지 해탈문(解脫門), 즉 공문(空門) · 무상문(無相門) · 무작문(無作門). ② 교(教)와 율(律)과 선(禪)의 3문. ③ 지혜(智慧) · 자비(慈悲) · 방편(方便)의 3문. ④ 문혜(聞慧) · 사혜(思慧) · 수혜(修慧)인 삼혜(三慧)의 삼문. ⑤ 사찰에 들어가는 세 가지 문. 밖으로 드러나 있는 곳을 상징.

이런 얘기가 있다. 운문선사께서 법어에서 말씀하셨다. "사람마다 모두 광명을 가지고 있으나, 보려고 할 때는 보이지 않고 캄캄하다. 어떤 것이 곧 여러분 모두의 광명인가?"

(아무도 답을 하지 못하고 있었기에) 스스로 대중을 대신해 말씀하셨다. "부엌과 세 가지 문이니라."

다시 말씀하셨다. " 좋은 일도 없느니만 못하다."

강설(講說)

운문선사는 참 매력적인 분이다. 거칠다고 느끼는 순간 부드럽고 섬세한 모습을 보이며, 친절하다고 느끼는 순간 냉정하기 짝이 없는 모습을 보인다. 지금도 마찬가지이다. 얼핏 참 친절한 듯하나 또한 냉정하기 짝이 없다. 그것을 알면 이미 운문선사의 수염을 잡은 사람이다.

친절하다는 것은 스스로 답을 해 주었다는 것을 말한 것이고, 냉정하다는 것은 질문이나 답이나 같다는 것이다. 여기서 돌이킨 사람은 더 이상 속지 않을 것이다.

운문선사는 석가세존의 45년 법문을 한마디로 정리하였다. 묻는 것 같지만 실제로는 답을 주신 것이다. 하지만 대중을 눈만 껌뻑이고 있었다. 결국 스스로 답을 내린 것 같으나, 이 또한 질문이나 마찬가지다. 운문선사의 첫 질문에는 몇 가지 열쇠가 있다. 바로 "보려고 하면 보이지 않고 잠잠하다."는 구절이다. 어떤 현상을 말한 것이 아님을 너무나 친절하게 말씀해 주신 것이다.

강설(講說)

운문선사는 참 매력적인 분이다. 거칠다고 느끼는 순간 부드럽고 섬세한 모습을 보이며, 친절하다고 느끼는 순간 냉정하기 짝이 없는 모습을 보인다. 지금도 마찬가지이다. 얼핏 참 친절한 듯하나 또한 냉정하기 짝이 없다. 그것을 알면 이미 운문선사의 수염을 잡은 사람이다.

친절하다는 것은 스스로 답을 해 주셨다는 것을 말한 것이고, 냉정하다는 것은 질문이나 답이나 같다는 것이다. 여기서 돌이킨 사람은 더 이상 속지 않을 것이다.

운문선사는 석가세존의 45년 법문을 한마디로 정리하셨다. 묻는 것 같지만 실제로는 답을 주신 것이다. 하지만 대중은 눈만 껌뻑이고 있었다. 결국 스스로 답을 내린 것 같으나, 이 또한 질문이나 마찬가지다. 운문선사의 첫 질문에는 멋진 열쇠가 있다. 바로 "보려고 하면 보이지 않고 캄캄하다."는 구절이다. 어떤 현상을 말한 것이 아님을 너무나 친절하게 말씀해 주신 것이다.

그런데 스스로 답한 것에는 정 반대의 말씀을 하셨다. 바로 눈에 보이는 부엌과 사찰의 세 곳 문을 말씀하신 것이다. 아주 친절한 답이었지만 또한 함정이다.

운문선사는 참 자비롭다. 그래서 오히려 노파심을 드러내고 말았다. "좋은 일도 없느니만 못하다." 이 말에도 또한 속는다. "맞아! 좋은 일도 하지 않는 것이 좋아!"라고 해석한다면 생명 없는 고목이나 차가운 돌이 되고 만다. 그 정도 수준이라면 삼세제불(三世諸佛)이 오셔도 어쩔 수 없다.

송(頌)

自照列孤明하야
자 조 열 고 명

爲君通一線이로다
위 군 통 일 선

花謝樹無影하니
화 사 수 무 영

看時誰不見고
간 시 수 불 견

見不見이라
견 불 견

倒騎牛兮入佛殿이로다
도 기 우 혜 입 불 전

- **사(謝)**

  시들다.

스스로 빛나며 홀로 밝음을 펼쳐
그대들 위해 한 가닥 길 알렸네.
꽃 시들고 나무는 그림자 없으니
살필 때면 누구인들 보지 못하랴.
봄이여, 보지 못함이여,
거꾸로 소를 타고서 불전에 들도다.

강설(講說)

설두화상이 송의 제1구와 제2구에서 "스스로 빛나며 홀로 밝음을 펼쳐, 그대를 위해 한 가닥 길 열었네."라고 하여 운문선사의 친절함을 드러냈다.

불교에서 말하는 지혜는 이미 지나간 일들의 기록인 지식을 축적하는 것을 말하는 것이 아니다. 팔만대장경이 아무리 훌륭해도 깨닫지 못한 사람에게는 그저 방대한 지식에 불과하다. 지혜란 스스로 빛나는 것이며 스스로 밝은 것을 말한다. 그런데 지식을 익히느라 사람들은 자기의 지혜가 있는 줄도 모르고, 모르니 쓸 줄은 더더욱 모른다. 그래서 운문선사께서는 이 문제를 언급한 것이다. 그리고 착각을 방지하고자 "이를 보려고 하면 보이지 않고 캄캄하다."고 말씀하신 것이다. 이 말씀은 참으로 친절하다. 이 도리를 모르면 나아갈 길도 모르기에 깨닫지 못한다. 그러고는 헛소리를 할 뿐이다.

이 구절은 노인네가 송의 제3구와 제4구에서 "꽃은 시들고 나무는 그림자 없으니 살필 때면 누군들 보지

강설(講說)

설두화상이 송의 제1구와 제2구에서 "스스로 빛나며 홀로 밝음을 펼쳐, 그대들 위해 한 가닥 길 알렸네."라고 하여 운문선사의 친절함을 드러냈다.

불교에서 말하는 지혜는 이미 지나간 일들의 기록인 지식을 축적하는 것을 말하는 것이 아니다. 팔만대장경이 아무리 훌륭해도 깨닫지 못한 사람에게는 그저 방대한 지식에 불과하다. 지혜란 스스로 빛나는 것이며 스스로 밝은 것을 말한다. 그런데 지식을 익히느라 사람들은 자기의 지혜가 있는 줄도 모르고, 모르니 쓸 줄은 더더욱 모른다. 그래서 운문선사께서는 이 문제를 언급한 것이다. 그리고 착각을 방지하고자 "이를 보려고 하면 보이지 않고 캄캄하다."고 말씀하신 것이다. 이 말씀은 참으로 친절하다. 이 도리를 모르면 나아갈 길도 모르기에 깨닫지 못한다. 그리고는 헛소리를 할 뿐이다.

이어 설두 노인네가 송의 제3구와 제4구에서 "꽃은 시들고 나무는 그림자 없으니, 살필 때면 누군들 보지 못하랴."라고 하여 멋진 길을 열어 보였다.

설두 영감님은 멋쟁이다. "꽃은 시들고 나무는 그림자 없으니"라고 한 이 아름다운 말을 누가 할 수 있겠는가. 아름답기만 하다면 어찌 멋쟁이라고 하랴. 그 깊이를 알 수 없는 경지를 은근히 보여주고 있기에 멋쟁이라는 것이다.

운문선사께서 "보려고 하면 보이지 않고 캄캄하다."고 말씀하신 것을 설두 노인네는 "살필 때면 누군들 보지 못하랴."고 멋지게 뒤집어 보여준다. 하지만 그림자 없는 나무를 보지 못한 사람은 아무리 살펴도 역시 보지 못할 것이다.

설두선사는 송의 제5구와 제6구에서 "봄이여 보지 못함이여, 거꾸로 소를 타고서 불전에 들도다."라고 하여 노파심을 드러내었다.

말에 속는 수준이라면 '볼 수 있다'는 것과 '볼 수 없다'는 것이 정반대라고 판단한다. 하지만 언어의 담을 넘어가서 본다면 가리키는 바가 같음을 알 것이다.

운문선사가 "보지 못한다."고 한 것이나 설두 노인네

못하다."라고 하여 멋진 길을 열어 보였다.

설두 영감님은 멋쟁이다. "꽃은 시들고 나무는 그림자 없으니"라고 한 이 아름다운 말을 누가 할 수 있겠는가. 아름답기만 하다면 어찌 멋쟁이라고 하랴. 그 끝이를 알 수 없는 경지를 은근히 보여주고 있기에 멋쟁이라는 것이다.

운문선사께서 "보려고 하면 보이지 않고 캄캄하다."고 말씀하신 것을 설두 노인네는 "실컷 때려 부순들 보지 못하리라."고 멋지게 뒤집어 보여준다. 하지만 그림자 없는 나무를 보지 못한 사람은 아무리 살펴도 역시 보지 못할 것이다.

설두선사는 송의 제5구와 제6구에서 "봄이여 보지 못함이여. 거꾸로 소를 타고서 불전에 들도다."라고 하여 노파심을 드러내었다.

말에 속는 수좌이라면 '볼 수 있다'는 것과 '볼 수 없다'는 것이 서로 반대라고 판단한다. 하지만 언어의 담을 넘어가서 본다면 거리끼는 바가 없음을 알 것이다.

운문선사가 "보지 못한다."고 한 것이나 설두 노인네

가 "누구인들 보지 못하랴."고 한 것이 다른 말이 아니다. 하지만 그 말에 떨어져서 분별하고 있다면 아득히 멀 뿐이다. 만일 두 노인네의 말씀이 같은 것을 가리킴을 안 사람이라면 소를 거꾸로 타고서도 불전에 들 수 있을 것이다.

제87칙

운문 자기
(雲門自己)

운문선사의
자기

"약과 병이 서로를 다스리니,
온 대지가 바로 약이다!"

이 불상이 아무리 엄청나다 해도 닮으려 하지 말 것.
석불이 되어 무엇 하겠는가!

강설(講說)

지혜로운 이는 하나의 틀에 갇히지 않는다. 만일 혼자 있는 경우라면 높은 봉우리처럼 지내고, 만일 대중들과 함께라면 시끌벅적한 시장도 마다하지 않고 남들의 이목 따윈 아랑곳하지 않고 거리낌 없이 행동한다.

필요하다면 무시무시한 호법의 신장처럼 꾸짖고 질타하지만, 때로는 자애로운 어버이같이 빛으로 인도하고 사랑으로 감싼다. 그에게는 이미 자신의 이해득실이 없으므로 한마디 말이나 하나의 행동에도 혼신의 힘을 다하기에, 진흙탕 속으로도 들어가고 물속으로도 들어가는 것이다.

하지만 그가 깨달음의 경지를 보일 때는 부처의 안목으로도 그의 진면목을 살필 수 없고, 모든 성인이 설명한다고 해도 진실과는 아득히 멀기만 할 뿐이다.

자, 이러한 경지의 사람을 보기라도 했는가?

세상에 그런 사람이 어디 있느냐고 사람들은 곧잘 말한다. 세상에는 이미 도인이 없는데 어찌 볼 수 있느냐고 말한다. 그런 말을 하는 사람은 자신이 저 늪지의 갈대밭 속에서 동서남북도 가리지 못하면서, 다만 구

멍을 들락거리는 게들을 쫓느라 정신없이 바쁠 뿐이라는 것을 실토하고 있는 셈이다.

본칙(本則)

擧 雲門이 示衆云 藥病이 相治하니 盡大
거 운문 시중운 약병 상치 진대

地是藥이라 那箇是自己오
지시약 나개시자기

이런 얘기가 있다.

운문선사께서 대중에게 법문을 하셨다.

"약과 병이 서로를 다스리니, 온 대지가 바로 약이다. (그렇다면) 어느 것이 곧 자기이겠는가?"

강설(講說)

운문선사는 질문을 던진 후 대중이 답을 못하면 스스로 답하길 좋아하였다. 그런데 여기에서는 질문만 던지고 말았다. 운문선사가 이렇게 그랬는지를 알아차린 사람이라면 이미 답을 본 것이다.

약과 병은 서로 상대적 관계로 필요한 것일 뿐이다. 약은 약이면서 병이 되고, 병은 병이면서 또한 약이 된다. 이 도리를 알면 "서로 다스린다"는 말을 올바로 알아차릴 것이다.

불교를 공부하는 이들이 흔히 '번뇌를 끊는다'고 말한다. 번뇌를 끊을 수 있다고 하자. 그럼 그 다음 번뇌는 어떻게 할 것인가? 번뇌를 일으키고 괴로워하다가 그 번뇌를 끊는다고 또 용을 쓰고, 시간이 흘러 그 번뇌가 사라지려고 할 즈음에 또 다른 번뇌를 일으키고 괴로워하다가 다시 그 번뇌를 끊는다고 애를 쓰기를 무량겁 동안 되풀이하고 있으면 지혜로운 사람이라고 할 수 있을까?

번뇌는 어디에서 일어나며 약은 어디에서 구하는가?

강설(講說)

운문선사는 질문을 던진 후 대중이 답을 못하면 스스로 답하길 좋아하셨다. 그런데 여기에서는 질문만 던지고 말았다. 운문선사가 어째서 그랬는지를 알아차린 사람이라면 이미 답을 본 것이다.

약과 병은 서로 상대적 관계로 필요한 것일 뿐이다. 약은 약이면서 병이 되고, 병은 병이면서 또한 약이 된다. 이 도리를 알면 "서로 다스린다"는 말을 곧바로 알아차릴 것이다.

불교를 공부하는 이들이 곧잘 '번뇌를 끊는다'고 말한다. 번뇌를 끊을 수 있다고 하자. 그럼 그 다음 번뇌는 어떻게 할 것인가? 번뇌를 일으키고 괴로워하다가 그 번뇌를 끊는다고 또 용을 쓰고, 시간이 흘러 그 번뇌가 사라지려고 할 즈음에 또 다른 번뇌를 일으키고 괴로워하다가 다시 그 번뇌를 끊는다고 애를 쓰기를 무량겁 동안 되풀이하고 있으면 지혜로운 사람이라고 할 수 있을까?

번뇌는 어디에서 일어나며 약은 어디에서 구하는가?

괴로움은 어느 곳에 있으며 지혜는 또 어디에서 오는가?

위의 도리를 깨달았다면 “온 대지가 곧 약이다”고 한 운문선사의 심장을 움켜쥘 수 있을 것이다. 그러나 안타깝게도 사람들은 대지를 헤매며 약을 찾는다. 운문선사의 함정에 떨어진 것이다.

아하! 번뇌가 곧 지혜라는 헛소리를 하면서 정작 자신은 찰나마다 괴로워하는 사람이라면 운문선사의 그림자도 보지 못한 자이다.

송(頌)

盡大地是藥이여
진 대 지 시 약

古今何太錯고
고 금 하 태 착

閉門不造車라도
폐 문 부 조 거

通途自寥廓이라
통 도 자 요 확

錯錯이라
착 착

鼻孔遼天亦穿却이로다
비 공 료 천 역 천 각

- **폐문부조거(閉門不造車)**

  『조당집(祖堂集)』 제20권 〈오관산서운사화상(五冠山瑞雲寺和尙)〉편에 "먼저 진리를 밝힌 뒤에 인연에 순응하여 수행하여 나간다면 불조(佛祖)의 수행과 상응할 것이다. 이는 문을 닫아걸고 수레를 만들어도, 밖에 나가면 바퀴가 길에 딱 맞는 것과 같다(如似閉門造車, 出門合轍耳)"라는 구절이 있음.

온 대지가 곧 약이라 함이여!
고금에 얼마나 크게 잘못 아는가.
문을 닫아걸고 수레를 만들지 않더라도
큰길은 저절로 휑하니 드넓어라.
어긋났구나, 어긋났어.
콧구멍 하늘까지 아득해도 역시 꿰였구나.

강설(講說)

설두선사는 "온 대지가 곧 약이라면 약이여! 고금에 얼마나 크게 잘못 아는가."라고 하여, 예로부터 수많은 이들이 운문선사의 한 장에 빠졌음을 일깨우고 있다.

운문선사야 틀린 말씀 하시는 분은 아니지. 하지만 운문선사의 입을 떠난 말은 그 순간부터 듣는 자의 판단에 의해 왜곡이 되는 것을 어떻게 하겠는가. 그렇다고 운문선사가 고약하다고는 하지 말 것. 고약한 것은 그렇게 오판한 자신이니까. 누구를 탓하거나 세상을 탓하기만 하는 사람은 자신이 얼마나 어리석은 상태에 있는지를 전혀 돌아볼 줄 모른다.

이에 설두 노인네는 "문을 닫아걸고 수레를 만들지 않더라도, 문길은 저절로 행하니 드넓어라."라고 하여 『조당집(祖堂集)』의 설명을 뒤집어 버렸다. 뒤집은 것을 두고 부정한 것이라고는 생각하지 말 것. 오히려 오판하는 것을 막아준 것이니까.

누구의 뒤를 따르지도 말고 누구를 [illegible]고자 하지도 마라. 이미 그가 있었으니 다시 흉내를 내어 본들 무엇

강설(講說)

설두선사는 "온 대지가 곧 약이라 함이여! 고금에 얼마나 크게 잘못 아는가."라고 하여, 예로부터 수많은 이들이 운문선사의 함정에 빠졌음을 일깨우고 있다.

운문선사야 틀린 말씀 하시는 분은 아니지. 하지만 운문선사의 입을 떠난 말은 그 순간부터 듣는 자의 판단에 의해 함정이 되는 것을 어떻게 하겠는가. 그렇다고 운문선사가 고약하다고는 하지 말 것. 고약한 것은 그렇게 오판한 자신이니까. 누구를 탓하거나 세상을 탓하기만 하는 사람은 자신이 얼마나 어리석은 상태에 있는지를 전혀 돌아볼 줄 모른다.

이어 설두 노인네는 "문을 닫아걸고 수레를 만들지 않더라도, 큰길은 저절로 휑하니 드넓어라."라고 하여 『조당집(祖堂集)』의 설명을 뒤집어 버렸다. 뒤집은 것을 두고 부정한 것이라고는 생각하지 말 것. 오히려 오판하는 것을 막아준 것이니까.

누구의 뒤를 따르지도 말고 누구를 닮고자 하지도 말라. 이미 그가 있었으니 다시 흉내를 내어 본들 무엇에 쓰겠는가. 뚫린 길을 다 익혀 능수능란해지더라도 알고 있던 길이 끊어져 버렸다면 어떻게 이를 것인가. 하지만 옛사람들이 뱉어놓은 영험 없는 말들을 외워서 집안의 보물로 삼던 고약한 버릇에서 훌쩍 벗어날 수만 있다면, 길이 없다고 생각하고 있었던 그곳을 문득 한걸음에 이를 수 있을 것이다.

끝으로 설두화상은 "어긋났구나, 어긋났어. 콧구멍 하늘까지 아득해도 역시 꿰였구나."라고 하여 답답한 심정을 토로하고 있다. 참으로 자비로운 노파심이다.

세상에서야 지식이 큰 자산이 되기도 하고, 학위가 보물처럼 여겨질 수도 있다. 공을 잘 다루지 못하더라도 경기를 분석할 수도 있고, 선수들의 장점과 단점을 말할 수는 있다. 하지만 설계도를 멋지게 그려내는 사람이라도 스스로 집을 짓지 못하는 이들이 얼마나 많은가. '행복해지는 법'으로 인기 작가가 되고 강연마다 인산인해를 이루는 사람이라도, 정작 자신은 행복하지 못한 도리를 아는가?

온갖 지식으로 이리 굴리고 저리 굴리며 청산유수처

럼 말할지라도 이미 한참 어긋난 것을 어찌 알겠는가. 그의 인기가 하늘에 이르고 그의 재력과 지위가 하늘에 이르더라도, 그것들이 코뚜레가 되어 자신을 끌고 다니는 것을 모르는 이가 얼마나 많은가.

第88칙

현사 삼병
(玄沙三病)

현사선사의
세 가지 병

"천체 망원경 가졌다고
우주의 이치를 아는가"

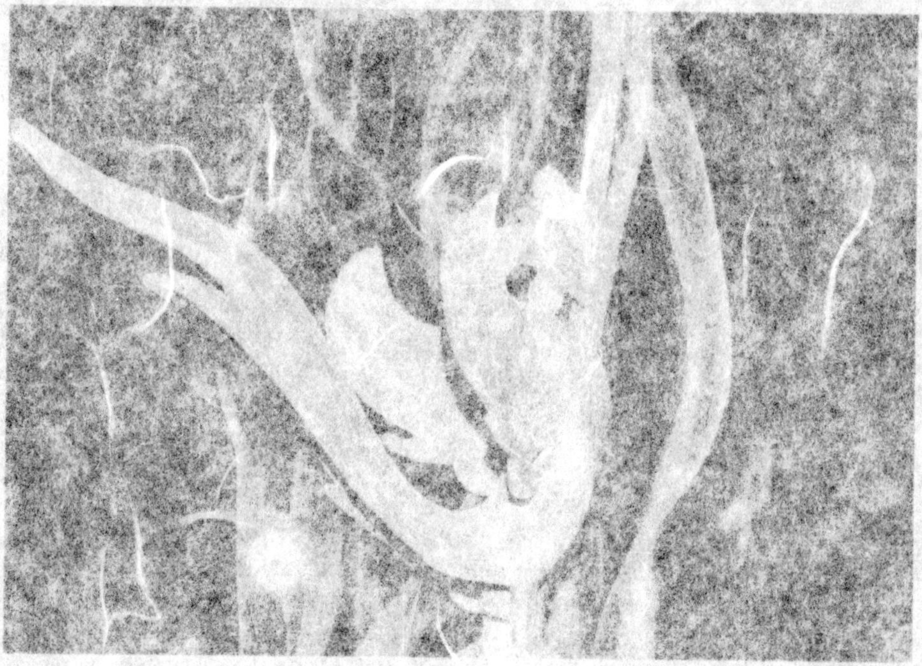

봉황의 현묘한 노랫소리를 들을 수 있는가!

강설(講說)

수행의 지도자는 능수능란해야 한다. 정해진 틀에 국한되어 그것만을 강조해서는 선지식이라 할 수 없다. 상대가 이미 알고 있는 것을 다르게 비춰 보이거나 틀에 박힌 이론에 머물지 않고 온갖 측면에서 살필 수 있도록 해야 한다.

문답을 할 때는 상대의 자질을 살펴 그가 튼튼한 자물쇠를 채우듯 지키려 하는 것이 무엇인지를 알아서 부숴버려야 하고, 그가 마치 진리인 것처럼 막혀버린 것도 풀어버려야 한다. 부처님과 조사님들이 깨달으신 도리에 따라 지도한다면, 어떤 흔적이나 허물을 남기지 않을 것이다.

현사 사비(玄沙師備)스님은 당대(唐代)의 선승(禪僧)이다. 본래 남대강의 어부였으나 아버지가 급류에 휩쓸려 죽는 광경을 보고 30세 때 출가하였다. 설봉선사를 따라 상골산에 들어가 수행 정진하던 중『능엄경』을 읽다가 깨달았다. 설봉선사를 모시며 지내다가 현사산(玄沙山)으로 돌아와 생애를 보냈다.

본칙(本則)

擧 玄沙 示衆云 諸方老宿이 盡道接物
거 현사 시중운 제방노숙 진도접물

利生이라하니 忽遇三種病人來하면 作麽
리생 홀우삼종병인래 자마

生接고 患盲者는 拈鎚竪拂하야도 他又不
생접 환맹자 염추수불 타우불

見하며 患聾者는 語言三昧라도 他又不聞
견 환농자 어언삼매 타우불문

하며 患啞者는 教伊說이라도 又說不得하니
환아자 교이설 우설부득

且作麽生接고 若接此人不得인댄 佛法
차자마생접 약접차인부득 불법

無靈驗이니라
무영험

僧請益雲門하니 雲門云 汝禮拜着하
승청익운문 운문운 여예배착

라 僧禮拜起하니 以拄杖挃이라 僧退後어
승예배기 이주장질 승퇴후

늘 門云 汝不是患盲이로다 復喚近前來하
문운 여불시환맹 부환근전래

라하니 僧近前커늘 門云 汝不是患聾이로다
승근전 문운 여불시환농

門乃云 還會麽아 僧云 不會니다 門云 汝
문내운 환회마 승운 불회 문운 여

不是患啞로다 僧於此有省하다
불시환아 승어차유성

- **접물이생(接物利生)**

  사람들을 만나고 중생을 이롭게 함. 중생제도

- **추(鎚)**

  중국 선원에서 시간을 알릴 때 사용하는 기구. 나무막대기 끝에 쇠를 붙여 놓은 것.

- **불(拂)**

  불자(拂子), 불주(拂麈), 불진(拂塵)이라고 하는 것으로 큰스님들이 가지는 법구(法具)임. 먼지떨이 형태이며, 손잡이 끝에 짐승의 꼬리나 가는 삼 뭉치 등을 붙여 놓은 것. 먼지와 번뇌를 동일시하는 불교에서 후학의 번뇌를 제거한다는 의미가 있음.

현사선사께서 대중에게 법문을 말씀하셨다.

"여러 도량의 큰스님들께서 모두 중생을 제도한다고 하니, 문득 세 종류의 병 있는 사람을 만났을 때는 어떻게 맞이하겠는가. 장님은 추를 잡고 불자를 세우더라도 그가 보지 못하고, 귀머거리는 잘 정리된 말이라도 듣지 못하며, 벙어리는 말하도록 시켜도 말하지 못한다. 자 어떻게 지도하겠는가? 만약 이들을 지도할 수 없다면 불법이 영험 없는 것이다."

어떤 스님이 (위 법문을 들어) 운문선사께 가르침을 청하였다.

운문선사께서 말씀하셨다. "자네 절해 보게." 그 스님이 절을 하고 일어나자 주장자로 찌르니 그 스님이 뒤로 물러났다. 운문선사께

현사선사께서 대중에게 법문을 말씀하셨다.

"여러 도량의 큰스님들께서 모두 중생을 제도한다고 하니, 문득 세 종류의 병 있는 사람을 만났을 때는 어떻게 맞이하겠는가. 장님은 추를 잡고 불자를 세우더라도 그가 보지 못하고, 귀머거리는 잘 정리된 말이라도 듣지 못하며, 벙어리는 말하도록 시켜도 말하지 못한다. 자 어떻게 지도하겠는가? 만약 이들을 지도할 수 없다면 불법이 영험 없는 것이다."

어떤 스님이 (위 법문을 들어) 운문선사께 가르침을 청하였다.

운문선사께서 말씀하셨다. "자네 절해 보게." 그 스님이 절을 하고 일어나자 주장자로 찌르니 그 스님이 뒤로 물러났다. 운문선사께서 말씀하셨다. "자네 장님이 아니로군." 다시 가까이 오라고 불러 그 스님이 가까이 오자 운문선사께서 말씀하셨다. "자네 귀머거리가 아니로군." 운문선사께서 다시 말씀하셨다. "알겠느냐?" 그 스님이 답하였다. "모르겠습니다." 운문선사께서 말씀하셨다. "자네 벙어리가 아니로군."

그 스님이 이에 깨닫는 바가 있었다.

강설(講說)

현사선사께서 지금 심각한 질문을 던지셨다.

"여러 도량에서 모든 스님들이 각자 나름대로 중생을 제도한다고들 하고 있다. 자 그렇다면 이런 경우는 어떻게 해야 할까? 장님에겐 어떤 행위로 깨우치려 해도 보질 못하고, 귀머거리에겐 아무리 훌륭한 법문으로 이끌어주려 해도 듣질 못하며, 벙어리에겐 말을 시켜 깨우쳐 주려 해도 그가 말할 수 없다. 이들을 어떻게 지도하겠는가? 만약 이들을 지도하지 못한다면 부처의 가르침이라는 것이 무슨 소용이 있겠는가?"

여기 장님과 귀머거리와 벙어리는 누굴 가리키는 것인가? 볼 수 없고, 들을 수 없으며, 말할 수 없다는 것은 또 무엇을 뜻하는가? 두리번거리며 찾고 있다면 이미 아득히 멀어졌다. 정말로 육체의 장님과 귀머거리와 벙어리를 데려온다면 완전히 현사노인에게 사기당할 것이다. 장님이 장님을 보라 하고, 귀머거리가 귀머거리에게 들으라 하며, 벙어리가 벙어리에게 말하라고 하는 일이 어디 어제 오늘의 일이던가. 현사선사의 방

강설(講說)

현사선사께서 지금 심각한 질문을 던지셨다.

"여러 도량에서 모든 스님들이 각자 나름대로 중생을 제도한다고들 하고 있다. 자 그렇다면 이런 경우는 어떻게 해야 할까? 장님에겐 어떤 행위로 깨우치려 해도 보질 못하고, 귀머거리에겐 아무리 훌륭한 법문으로 이끌어주려 해도 듣질 못하며, 벙어리에겐 말을 시켜 깨우쳐 주려 해도 그가 말할 수 없다. 이들을 어떻게 지도하겠는가? 만약 이들을 지도하지 못한다면 부처의 가르침이라는 것이 무슨 소용이 있겠는가?"

여기 장님과 귀머거리와 벙어리는 누굴 가리키는 것인가? 볼 수 없고, 들을 수 없으며, 말할 수 없다는 것은 또 무엇을 뜻하는가? 두리번거리며 찾고 있다면 이미 아득히 멀어졌다. 정말로 육체의 장님과 귀머거리와 벙어리를 데려온다면 완전히 현사 노인에게 사기당한 것이다. 장님이 장님을 보라 하고, 귀머거리가 귀머거리에게 들으라 하며, 벙어리가 벙어리에게 말하라고 하는 일이 어디 어제 오늘의 일이던가. 현사선사의 방망이가 참으로 통렬하다.

운문선사는 어떤가? 곧바로 보게 하고, 곧바로 듣게 하며, 곧바로 말하게 하니 참으로 현사 노인네도 어쩌지 못하게 해 버렸다. 하지만 찾아온 이가 과연 제대로 보고 듣고 말한 것일까? 조금이라도 깨닫는 바가 있었다면 헛걸음을 하진 않았으나, 감히 명함을 내밀기는 멀었다.

송(頌)

盲聾瘖啞라
맹 롱 음 아

杳絶機宜라
묘 절 기 의

天上天下
천 상 천 하

堪笑堪悲로다
감 소 감 비

離婁不辨正色커니
이 루 불 변 정 색

師曠豈識絃絲리오
사 광 기 식 현 사

爭如獨坐虛窓下하야
쟁 여 독 좌 허 창 하

葉落花開自有時리오
엽 락 화 개 자 유 시

復云 還會也無아
부 운 환 회 야 무

無孔鐵鎚로다
무 공 철 추

- **묘절(杳絕)**

  아득하다. 도무지 없다.

- **기의(機宜)**

  적절한 지도법. 알맞은 방편.

- **이루(離婁)**

  『맹자(孟子)』 이루(離婁)편에 등장하는 인물. 황제(黃帝) 때 사람으로 이주(離朱)라고도 하며, 100보 밖에서도 털끝을 분간하는 시력을 가졌다고 함. 춘추시대 사람이라고도 함. 흔히 이루지명(離婁之明)으로 많이 사용됨.

- **사광(師曠)**

  춘추 진(晉)나라 사람. 진평공(晉平公) 때 악사(樂師)를 지냈다. 태어날 때부터 장님이었는데, 음악에 정통했고 소거문고를 잘 연주했다고 함.

- **무공철추(無孔鐵鎚)**

  구멍 없는 쇠망치. 자루가 없는 망치. 언어로 설명할 수 없는 이치.

장님과 귀머거리와 벙어리여, 적절하게 제
도할 방법이 아득하네.
하늘 위 하늘 아래 온 세상 처음으로 우습고
정말로 슬프구나.
눈 밝은 이루(離婁)도 바른 색 가리지 못하
거니 귀 밝은 사광(師曠)인들 어찌 그윽한 음
을 알리.
어찌 툭 트인 창 아래 홀로 앉아 잎 지고 꽃
필을 몸소 즐김과 같으랴.
다시 말씀하셨다. "이제 알겠는가? 구멍 없
는 쇠망치로다."

장님과 귀머거리와 벙어리여, 적절하게 제도할 방법이 아득하네.

하늘 위 하늘 아래 온 세상 참으로 우습고 정말로 슬프구나.

눈 밝은 이루(離婁)도 바른 색 가리지 못하거니 귀 밝은 사광(師曠)인들 어찌 그윽한 음을 알리.

어찌 툭 트인 창 아래 홀로 앉아 잎 지고 꽃 핌을 몸소 즐김과 같으랴.

다시 말씀하셨다. "이제 알겠는가? 구멍 없는 쇠망치로다".

강설(講說)

설두 노인네가 먼저 "장님과 귀머거리와 벙어리여, 적절하게 제도할 방법이 아득하네."라고 하여 문제의 중함을 언급했다.

보지도 못하고 듣지도 못하며 말하지도 못한다면, 도저히 제도할 방법이 없는 것처럼 보인다. 하지만 현사스님도 설두스님도 한 문은 닫았으되 한 문은 열어 두었다. 그 솜씨가 비상하지 아니한가? 끝끝내 장님이고 귀머거리이고 벙어리라면, 보지 않고도 보며 듣지 않고도 들으며 말하지 않고도 다 말한다. 하지만 세 관문을 통과해야 할 것이다.

설두화상은 이어서 "하늘 위 하늘 아래 온 세상, 참으로 우습고 정말로 슬프구나."라고 하여 문을 열어두었다.

만약 세 관문을 통과한 이라면 무엇이 우습고 무엇이 슬픈지를 다 알 것이다. 세상이란 원래 그런 것이다. 총명하나 어리석은 이가 있고, 어리석으나 그 안을 볼 수 없는 이가 있다. 그러기에 때로는 웃고 때로는 슬퍼하는 것이다.

강설(講說)

설두 노인께서 먼저 "장님과 귀머거리와 벙어리여, 적절하게 제도할 방법이 아득하네."라고 하여 문제의 중핵을 언급했다.

보지도 못하고 듣지도 못하며 말하지도 못한다면, 도저히 제도할 방법이 없는 것처럼 보인다. 하지만 현사 스님도 설두스님도 한 문은 닫았으되 한 문은 열어 두었다. 그 승려가 비상하지 아니한가? [illegible] 장님이고 귀머거리이고 벙어리라면, 보지 않고도 보며 듣지 않고도 들으며 말하지 않고도 다 말한다. 하지만 세 관문을 통과해야 할 것이다.

설두화상은 이어서 "하늘 위 하늘 아래 온 세상, 참으로 우습고 정말로 슬프구나."라고 하여 문을 열어두었다. 만약 세 관문을 통과한 이라면 무엇이 우습고 무엇이 슬픈지를 [illegible] 알 것이다. 세상이란 원래 그런 것이다. 총명하나 어리석은 이가 있고, 어리석으나 그 안을 볼 수 없는 이가 있다. 그러기에 때로는 웃고 때로는 슬퍼하는 것이다.

열두 노인께는 이어서 "눈 밝은 이루(離婁)로 비롯 왜 가리지 못하거니, 귀 밝은 사광(師曠)인들 어찌 그 음을 알리. 어찌 뚫 트인 창이에 불로 살아, 일 지고 꽃 피움을 봄소 즐김과 같으랴."라고 하여 뛰어난 재주의 부질없음을 드러내었다.

천체망원경을 가진 이가 우주의 이치를 아는 것이 아니며, 전자현미경을 가진 이가 사람의 마음을 볼 수 있는 것이 아니다. 아무리 뛰어난 재주라도 작은 지혜를 당하지 못하고, 비록 지혜를 지녔어도 어리석음의 농간에 이를 당할 수 있는 것이다.

이루와 사광 같은 뛰어난 능력을 지녔으면 무엇 하랴. 정말 봐야 할 것은 보지 못하고, 정말 알아차릴 것은 알아차리지 못한다면 그 뛰어난 능력이라는 것이 어찌 대단하다고 할 수 있겠는가. 그런 사람이 되기보다는 그저 뚫 터진 창이에 홀로 앉아, 봄에 꽃 피고 가을에 낙엽 지는 것을 무심히 바라보는 것이 좋지 않겠는가. 말이야 쉽지, 홍나 내미 않았다가는 북갑에 걸릴 것이다. 보되 보지 않는 것과 같고, 들되 듣지 않는 것과 같으며, 말하되 말하지 않는 것과 같다면 좋겠건만 수 설두 노인네는 이어서 "눈 밝은 이루(離婁)도 바른 색 가리지 못하거니, 귀 밝은 사광(師曠)인들 어찌 그윽한 음을 알리. 어찌 툭 트인 창 아래 홀로 앉아, 잎 지고 꽃 핌을 몸소 즐김과 같으랴."라고 하여 뛰어난 재주의 부질없음을 드러내었다.

천체 망원경을 가진 이가 우주의 이치를 아는 것이 아니며, 전자현미경을 가진 이가 사람의 마음을 볼 수 있는 것이 아니다. 아무리 뛰어난 재주라도 작은 지혜를 당하지 못하고, 비록 지혜를 지녔어도 어리석음의 궁극에 이른 이를 당할 수 없는 것이다.

이루와 사광 같은 뛰어난 능력을 지녔으면 무엇 하랴. 정말 봐야 할 것은 보지 못하고, 정말 알아차릴 것은 알아차리지 못한다면 그 뛰어난 능력이라는 것이 어찌 대단하다고 할 수 있겠는가. 그런 사람이 되기보다는 그저 툭 터진 창 아래 홀로 앉아, 봄에 꽃 피고 가을에 낙엽 지는 것을 무심히 바라보는 것이 좋지 않겠는가. 말이야 쉽지. 흉내 내며 앉았다가는 독감에 걸릴 것이다. 보되 보지 않는 것과 같고, 듣되 듣지 않는 것과 같으며, 말하되 말하지 않는 것과 같다면 즐길 수 있을 것이다.

설두노사가 끝으로 말씀하셨다. “이제 알겠는가? 구멍 없는 쇠망치로다”

설두 노인네가 또 노파심을 일으켰다. 현사스님의 방망이가 보이냐고 다그쳤다. 그러면서 넌지시 말씀해 주셨다. “자루가 없는 무쇠 망치를 쓸 수 있어야 할 것이다.”

제89칙

대비 수안
(大悲手眼)

대비보살의
손과 눈

"한밤중 등 뒤로 손 뻗어 베개 더듬어
찾듯, 온몸이 손과 눈"

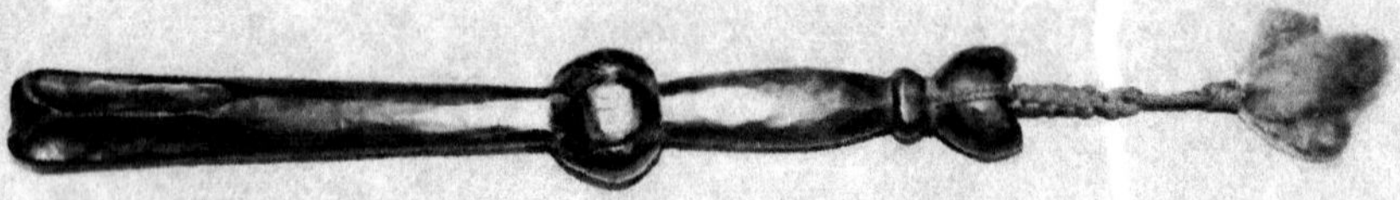

이 죽비의 손과 눈은 어디인가.

강설(講說)

아무리 전심전력을 다해 보고 듣고 말하고 살피더라도, 그것은 어디까지나 보고 듣고 말하고 살피는 것에 지나지 않는다. 그것이야 노력하는 사람이라면 가능한 일이다. 그래서 갖가지 결실을 거두기도 한다.

그런데 볼 수도 들을 수도 말할 수도 없는 사람에겐 대체 무엇을 어떻게 할 수 있겠는가? 여기에 이르러 사람들은 눈과 귀와 입과 마음까지도 만들려고 한다. 성능 좋은 기관을 다 갖추면 어떻게 될까? 세상에서는 그렇게 하려고 하기에 망치고 마는 것이다.

눈도 귀도 입도 마음도 없다면 오히려 부처와 함께 할 것인데, 어째서 사람들은 거꾸로만 가려고 하는 것인가? 그 경지의 사람을 만날 생각은 없는 것인가? 어떻게 하면 그를 만날 수 있을까?

운암 담성(雲巖曇晟, 782~841)선사는 당대(唐代)의 선승이다. 20세에 구족계(具足戒)를 받고, 백장선사에게 10여 년 동안 사사(師事)했다. 백장선사 입적 후 약산 유엄(藥山惟儼)선사의 지도를 받고 깨달아 약산선

강설(講說)

아무리 전심전력을 다해 보고 듣고 말하고 살피더라도, 그것은 어디까지나 보고 듣고 말하고 살피는 것에 지나지 않는다. 그것이야 노력하는 사람이라면 가능한 일이다. 그래서 갖가지 결심을 거두기도 한다.

그런데 볼 수도 들을 수도 말할 수도 없는 사람에게 대체 무엇을 어떻게 할 수 있겠는가? 여기에 이르러 사람들은 눈과 귀와 입과 마음까지도 만들려고 한다. 성능 좋은 기관을 다 갖추면 어떻게 될까? 세상에서는 그렇게 하려고 하기에 망치고 마는 것이다.

눈도 귀도 입도 마음도 없다면 오히려 부처와 함께 할 것인데, 어째서 사람들은 거꾸로만 가려고 하는 것인가? 그 경지의 사람을 만날 생각은 없는 것인가? 어떻게 하면 그를 만날 수 있을까?

운암 담성(雲巖曇晟, 782~841) 선사는 당대(唐代)의 선승이다. 20세에 구족계(具足戒)를 받고, 백장 선사에게 10여 년 동안 시사(師事)했다. 백장 선사 입적 후 약산 유엄(藥山惟儼) 선사의 지도를 받고 깨달아 약산의

사의 법을 이어받았다. 이후 운암산(雲巖山)에 머물면서 많은 이들을 지도했다. 제자에 조동종(曹洞宗)의 개조인 동산 양개(洞山良价)선사가 유명하다.

도오 원지(道吾圓智, 769~835)선사는 약산선사의 법제자로 운암의 사형이며 당대(唐代)의 선승이다. 어린 시절 열반(涅槃)화상에게 출가하였다가 나중에 약산선사를 모시고 공부하며 깨달아 법을 이었다. 이후 여러 곳을 다니다가 호남성 담주(潭州) 장사부(長沙府)의 도오산(道吾山)에 머물며 후학을 지도하였다. 제자로는 석상 경저(石霜慶諸)선사가 유명하다.

본칙(本則)

擧 雲巖問道吾호대 大悲菩薩이 用許多
거 운 암 문 도 오 대 비 보 살 용 허 다

手眼하야 作什麼오 吾云 如人夜半背手
수 안 작 십 마 오 운 여 인 야 반 배 수

摸枕子니라 巖云 我會也니다 吾云 汝作
모 침 자 암 운 아 회 야 오 운 여 자

麼生會오 巖云 遍身是手眼이니다 吾云
마 생 회 암 운 편 신 시 수 안 오 운

道卽太煞道나 只道得八成이로다 巖云
도 즉 태 쇄 도 지 도 득 팔 성 암 운

師兄作麼生고 吾云 通身是手眼이니라
사 형 자 마 생 오 운 통 신 시 수 안

- **편신(遍身)**

  몸의 곳곳.

- **태쇄(太煞)**

  태쇄(太殺)와 같음. 매우. 그럴듯함

- **통신(通身)**

  온몸. 몸 전체.

운암스님이 도오스님께 물었다. "대비보살이 그 많은 손과 눈을 써서 무얼 할까요?"

도오스님이 답했다. "사람이 밤중에 등 뒤로 손 뻗어 베개를 더듬어 찾는 것과 같지."

운암스님이 말했다. "제가 알았습니다."

도오스님이 물었다. "그대는 어떻게 알았는가?"

운암스님이 말했다. "몸의 곳곳이 곧 손이고 눈입니다."

도오스님이 말했다. "말인즉 근사한데, 다만 팔 할을 말했을 뿐이네."

운암스님이 물었다. "사형은 어떻습니까?"

도오스님이 답했다. "온몸이 곧 손과 눈이지.".

강설(講說)

약산선사의 제자인 운암스님과 도오스님이 묻고 답하는 아름다운 광경이 펼쳐졌다.

사제인 운암스님이 사형인 도오스님에게 질문을 했다. "관세음보살은 천 개의 손과 눈을 가지고 계시는데, 그 많은 손과 눈을 써서 무얼 하시는 걸까요?" 운암스님은 뒷날 뛰어난 지도자로서 선풍을 드날린 분이시지만, 이때만 해도 아직 궁금증이 많은 시기였던가 보다. 그는 사형을 따라 공부하길 좋아했었다.

질문을 받은 도오스님은 곧바로 답했다. "마치 사람이 캄캄함 밤중에 달아난 베개를 손으로 더듬어 찾는 것과 같은 게지."

참으로 멋들어진 설명 아닌가. 공부하는 사람이라면 여기에서 눈이 번쩍 떠질 일이다. 하지만 아차 하는 순간 어긋난다.

역시나 운암스님이 "아, 몸의 곳곳이 손이고 눈이로군요."하고 아는 체했다.

도오스님은 참 자상하신 분이다. 처음 질문에도 스스로 낮추어 자세히 보여주시더니, 두 번째도 역시 그런

강설(講說)

약산선사의 제자인 운암스님과 도오스님이 묻고 답하는 아름다운 광경이 펼쳐졌다.

사제인 운암스님이 사형인 도오스님에게 질문을 했다. "관세음보살은 천 개의 손과 눈을 가지고 계시는데, 그 많은 손과 눈을 써서 무얼 하시는 걸까요?" 운암스님은 뒷날 뛰어난 지도자로서 선풍을 드날린 분이시지만, 이때만 해도 아직 궁금증이 많은 시기였던가 보다. 그는 사형을 따라 공부하길 좋아했었다.

질문을 받은 도오스님은 곧바로 답했다. "마치 사람이 깜깜한 밤중에 일어나 베개를 손으로 더듬어 찾는 것과 같은 게지."

참으로 멋들어진 설명 아닌가. 공부하는 사람이라면 여기에서 눈이 번쩍 떠질 일이다. 하지만 아차 하는 순간 어긋난다.

역시나 운암스님이 "아, 몸의 곳곳이 손이고 눈이로군요."하고 아는 체했다.

도오스님은 참 자상하신 분이다. 처음 질문에도 스스로 낮추어 자세히 보여주시더니, 두 번째도 역시 그런

모습을 보여주신다.

“아주 그럴듯하게 말했지만 완벽하게 말하지는 못했군.”

다시 운암스님이 사형의 가르침을 원하니, 이에 세 번째의 친절을 베풀었다. “온몸 그대로가 손이고 눈이라네.”

이 정도로 친절을 베풀면 오히려 후학들을 그르칠 수도 있을 정도이다.

그럼 그렇지, 여전히 몸과 손과 눈 사이에서 오가고 있구먼.

송(頌)

遍身是 通身是여
편 신 시 통 신 시

拈來猶較十萬里로다
염 래 유 교 십 만 리

展翅鵬騰六合雲하야
전 시 붕 등 육 합 운

搏風鼓蕩四溟水로다
박 풍 고 탕 사 명 수

是何埃壒兮忽生하며
시 하 애 애 혜 홀 생

那箇毫氂兮未止오
나 개 호 리 혜 미 지

君不見가
군 불 견

網珠垂範影重重을
망 주 수 범 영 중 중

棒頭手眼從何起오
봉 두 수 안 종 하 기

- **육합(六合)**

  하늘 땅 동 서 남 북. 천하. 우주.

- **사명(四溟)**

  사해(四海).

- **망주(網珠)**

  제망주(帝網珠) 즉 제석천(Indra) 선법당(善法堂) 휘장의 구슬.

'몸의 곳곳'이 옳은가 '온몸'이 옳은가,
이리 따지면 오히려 아득히 멀어진다.
날개 편 붕새 천하의 구름에 올라
바람 일으켜 사해의 물 두드려 흔드네.
이 무슨 먼지들이 홀연히 일어나며,
어찌하여 이 터럭들은 그치지 않는가.
그대는 보지 못하는가.
제석구슬 고상한 모습으로 겹겹이 빛남을.
주장자의 손과 눈은 어디에서 일어날까.
쯧쯧!

강설(講說)

설두화상이 "'몸이 곳곳이 옳은가' '온몸이 옳은가', 이런 따지면 오히려 아득히 멀어진다."고 하여 방향을 잡아주었다.

용이에 떨어져 따지며 옳으니 그르니 하지 말 것. 말이 끊어진 그 너머를 보라. 만일 그러지 못한다면 완벽한 해석이라도 완전히 엉뚱한 곳에 떨어지고 말 것이다.

이어서 설두 노인네가 "날개 편 봉새 천하의 구름에 올라, 바람 일으켜 사해의 물 두드려 흔드네."라고 하여 중요한 것을 보였다. 두 스님의 대화는 마치 봉새가 구름 위를 날며, 그 날개바람에 바닷물이 솟구치는 듯하다. 그런데도 이 강과 저 강을 따지고 있어서야 어찌 겠는가.

다음에 설두선사는 "이 무슨 먼지들이 홀연히 일어나며, 어찌하여 이 터럭들은 그치지 않는가."라고 하여 본색을 드러내었다. 앞에서 거짓 봉새가 어떻고 하던

강설(講說)

설두화상이 " '몸의 곳곳'이 옳은가 '온몸'이 옳은가, 이리 따지면 오히려 아득히 멀어진다."고 하여 방향을 잡아주셨다.

용어에 떨어져 따지며 옳으니 그르니 하지 말 것. 말이 끊어진 그 너머를 보라. 만일 그러지 못한다면 완벽한 해석이라도 완전히 엉뚱한 곳에 떨어지고 말 것이다.

이어서 설두 노인네가 "날개 편 붕새 천하의 구름에 올라, 바람 일으켜 사해의 물 두드려 흔드네."라고 하여 중요한 것을 보였다. 두 스님의 대화는 마치 붕새가 구름 위를 날며, 그 날개바람에 바닷물이 솟구치는 듯하다. 그런데도 이 강과 저 강을 따지고 있어서야 어쩌겠는가.

다음에 설두선사는 "이 무슨 먼지들이 홀연히 일어나며, 어찌하여 이 터럭들은 그치지 않는가." 라고 하여 본색을 드러내었다. 앞에서 기껏 붕새가 어떻고 하더니만, 이제 먼지와 가는 터럭을 얘기하는구나. 공부하는 이라면 여기서 분명히 알아차려야 하는 것이다. 무엇이 붕새며 무엇이 먼지며 터럭인가?

설두 노인네가 "그대는 보지 못하는가. 제석구슬 고상한 모습으로 겹겹이 빛남을."라고 하여 노파심을 드러내었다. 무슨 인드라망의 구슬들이 겹겹이 서로 주고받으며 빛나는 이치까지 가져오는가.

끝으로 설두화상은 "주장자의 손과 눈은 어디에서 일어날까. 쯧쯧!"이라고 하여 주장자의 손과 눈을 언급하였다. 무슨 까닭일까? 역시 설두 노인네가 일을 수습할 줄 안다. 가득히 펼쳐 놓더니 순식간에 거두는구나. 자, 주장자의 손과 눈은 어디에 있는가?

쯧쯧!

제90칙

지문 반야체
(智門般若體)

지문선사의
반야본체

"이미 허공처럼 텅 비었으니,
잘 보이려 꾸며 무엇하나"

길게 자란 머리칼에 꾀죄죄한 옷차림을 한 맨발의 노승이 달을
가리키며 낄낄대고 웃는 모습을 본다면 사람들은 뭐라고 할까?
—간송미술관 소장, 이정(李霆, 1541~?) 문월도(問月圖)

강설(講說)

말과 문자로 표현된 것은 이미 '그것'이 아니다. 말로써 진리를 전한다거나 혹은 깨달음을 전달한다는 것은 거짓이다. 서로 빙긋 웃고 통해 버리면 더 이상 말이 필요 없지만, 통하지 못한 것을 말로 통하려고 하니 자꾸 어긋나고 오해만 커진다.

자신의 진면목을 본 사람은 이미 걸림도 두려움도 없다. 그러니 의지할 것도 없고 구할 것도 없는 것이다.

이미 허공처럼 텅 비었으니 누구에게 잘 보이려고 꾸미지도 않고 어떤 그물에도 걸리지 않는다.

자, 이런 이를 본 적이 있는가?

지문 광조(智門光祚)선사는 송대(宋代) 운문종(雲門宗)의 선사이다. 절강성(浙江省) 절동(浙東) 출신으로 익주(益州, 四川省 成都) 청성산(靑城山)에 있는 향림원(香林院)의 징원(澄遠, 908~987)선사에게 참학하고 깨달음을 인정받아 법을 이었다. 이후 수주(隨州) 쌍천(雙泉)에 거주했다가 지문사(智門寺)로 옮겨 종풍을 크게 떨쳤기에 지문 광조선사라고 존칭했다. 제자로는 벽암록의 송(頌)을 지은 설두 중현(雪竇重顯)선사를 비롯해 30여 명이 있고, 저서로는『지문 광조선사 어록(智門光祚禪師語錄)』1권이 있다.

본칙(本則)

擧 僧問智門호대 如何是般若體닛고 門
거 승문지문 여하시반야체 문

云 蚌含明月이니라 僧云 如何是般若用
운 방함명월 승운 여하시반야용

이닛고 門云 兎子懷胎니라
문운 토자회태

· 반야체용(般若體用)

깨달음으로 회복한 본래의 지혜이며 초월적 지혜인 반야의 실체(體)와 작용(用). 일반적으로 반야를 셋으로 나누어 실상반야(實相般若) · 관조반야(觀照般若) · 문자반야(文字般若)라고 한다. 실제로서의 반야인 실상반야는 본체(本體)의 입장이고, 대상을 있는 그대로 살펴 아는 관조반야는 작용(작용)의 입장이며, 문자반야는 반야에 대해 언어적인 설명을 한 것을 가리킨다.

· 방합명월(蚌含明月)

조개가 밝은 달을 머금음. 중국의 옛 전설에 나오는 이야기에서 가져옴. 중국의 한강(漢江)에 방합(蚌蛤)이라는 큰 민물조개가 있는데 중추절이 되면 수면으로 떠올라 입을 벌리고 밝은 달과 교감(交感)하여 진주를 만들어 낸다고 하였음. 중국 전국시대 진(秦)나라의 정치가이며 거부였던 여불위(呂不韋)가 전국의 논객들과 식객들을 모아 춘추전국시대의 모든 사상을 절충 · 통합시키고 세밀하게 분석하여 정치의 올바른 참고로 삼기 위해 저술하게 한 일종의 백과사전인 〈여씨춘추(呂氏春秋)〉에 실려 있는 얘기.

· 토자회태(兎子懷胎)

토끼가 새끼를 뱄다. 중국의 옛 전설에 등장하는 얘기. 음(陰)에 속한 토끼가 중추절에 달이 뜨면 달의 정기를 마시고 새끼를 밴다는 얘기.

- **반야체용(般若體用)**

깨달음으로 회복한 본래의 지혜이며 초월적 지혜인 반야의 실체(體)와 작용(用). 일반적으로 반야를 셋으로 나누어 실상반야(實相般若) · 관조반야(觀照般若) · 문자반야(文字般若)라고 한다. 실제로서의 반야인 실상반야는 본체(本體)의 입장이고, 대상을 있는 그대로 살펴 아는 관조반야는 작용(작용)의 입장이며, 문자반야는 반야에 대해 언어적인 설명을 한 것을 가리킨다.

- **방함명월(蚌含明月)**

조개가 밝은 달음 머금음. 중국의 옛 전설에 나오는 이야기에서 가져옴. 중국의 한강(漢江)에 방합(蚌蛤)이라는 큰 민물조개가 있는데 중추절이 되면 수면으로 떠올라 입을 벌리고 밝은 달과 교감(交感)하여 진주를 만들어 낸다고 하였음. 중국 전국시대 진(秦)나라의 정치가이며 거부였던 여불위(呂不韋)가 전국의 논객들과 식객들을 모아 춘추전국시대의 모든 사상을 절충 · 통합시키고 세밀하게 분석하여 정치와 율령의 참고로 삼기 위해 저술하게 한 일종의 백과사전인 〈여씨춘추(呂氏春秋)〉에 실려 있는 얘기.

- **토자회태(兎子懷胎)**

토끼가 새끼를 뱄다. 중국의 옛 전설에 등장하는 얘기. 음(陰)에 속한 토끼가 중추절에 달이 뜨면 달의 정기를 마시고 새끼를 밴다는 얘기.

이런 얘기가 있다.

어떤 스님이 지문선사께 여쭈었다. "어떤 것이 반야의 본체입니까?"

지문선사께서 말씀하셨다. "조개가 밝은 달을 머금었다."

다시 그 스님이 여쭈었다. "어떤 것이 반야의 작용입니까?"

지문선사께서 답하셨다. "토끼가 새끼를 뱄다."

강설(講說)

사람들은 예나 지금이나 쪼개어 분석하고 따지기를 좋아한다. 반야 자체가 말로 설명이 불가능한 것인데, 다시 본체와 작용을 나누어 접근하는 것이 학자들의 연구 방식이다. 궁금증 많은 학승도 역시 마찬가지인 모양이다. 그렇다면 선사들은 어떻게 볼까?

여기 멋진 예가 있다.

어떤 스님이 지문선사께 반야의 본체가 무엇이냐고 여쭈었다. 그러자 지문선사는 기막힌 답을 하셨다. "조개가 밝은 달을 머금었다." 참으로 분명하지 않은가. 하지만 이리저리 머리 굴리는 사람에겐 암호문 비슷할 것이다. 아마도 질문한 스님도 그랬던 모양이다. 그래서 다시 반야의 작용은 어떤 것이냐고 질문을 했다. 이런 답답한 친구가 있나. 이미 앞에서 그렇게도 친절하게 말씀해 주셨건만 무슨 잠꼬대인가? 하지만 지문선사는 자비롭다. "토끼가 새끼를 밴 것이지." 이번에는 그 스님이 알아들었을까? 아마도 아직까지 머리 굴리고 있나 보다.

달을 쪼개어 달을 찾으면 이미 달이 아니고, 빛을 가두어 빛이라 하면 이미 빛이 아니다. 오직 휘영청 밝고 둥근 달을 보라.

송(頌)

一片虛凝絶謂情이라
일 편 허 응 절 위 정

人天從此見空生이로다
인 천 종 차 견 공 생

蚌含玄兎深深意를
방 함 현 토 심 심 의

曾與禪家作戰爭하니라
증 여 선 가 작 전 쟁

- **허응(虛凝)**

  텅 비고 견고(常住不滅)한 것. 반야를 가리킴.

- **위정(謂情)**

  언어(謂)와 분별작용(情－情識－헤아리는 작용).

- **견공생(見空生)**

  수보리를 봄. 원오선사의 평창에서 다음의 고사를 인용하고 있음.

  어느 날 수보리(空生)가 바위에 앉아 있는데 하늘에서 꽃비를 내리며 찬탄했다. "공중에 꽃비를 내리며 찬탄하는 이는 누구인가?" "저는 브라만 천신(범천)입니다." "그대는 왜 나를 찬탄하는가?" "저는 존자께서 반야바라밀다를 잘 말씀하시는 것을 소중히 여깁니다." "나는 반야에 대해 한마디도 말하지 않았는데, 그대는 무엇 때문에 찬탄하는가?" "존자께서는 설하심이 없었고 저도 들음이 없었습니다. 설하심도 없고 들음도 없는 이것이 진실한 반야입니다." 그리고는 다시 대지를 진동시키며 꽃비를 내렸다고 한다.

- **방함현토(蚌含玄兎)**

  조개의 머금음과 현묘한 토끼. 방함명월(蚌含明月) 토자회태(兎子懷胎)를 줄인 것.

• 허응(虛凝)

텅 비고 견고(常住不滅)한 것. 반야를 가리킴.

• 위정(謂情)

언어(謂)와 분별작용(情－情識－헤아리는 작용).

• 견공생(見空生)

수보리를 봄. 원오선사의 평창에서 다음의 고사를 인용하고 있음.

어느 날 수보리(空生)가 바위에 앉아 있는데 하늘에서 꽃비를 내리며 찬탄했다. "공중에 꽃비를 내리며 찬탄하는 이는 누구인가?" "저는 브라만 천신(범천)입니다." "그대는 왜 나를 찬탄하는가?" "저는 존자께서 반야바라밀다를 잘 말씀하시는 것을 소중히 여깁니다." "나는 반야에 대해 한마디도 말하지 않았는데, 그대는 무엇 때문에 찬탄하는가?" "존자께서는 설하심이 없었고 저도 들음이 없었습니다. 설하심도 없고 들음도 없는 이것이 진실한 반야입니다." 그리고는 다시 대지를 진동시키며 꽃비를 내렸다고 한다.

• 방합현토(蚌含玄兎)

조개의 머금음과 현묘한 토끼. 방합명월(蚌含明月) 토자회태(兎子懷胎)를 줄인 것.

한 조각 비고 견고함이 언어 분별을 끊어
인간과 천신들 이로부터 수보리를 보았네.
조개의 품음과 현묘한 토끼의 깊고 깊은 뜻
일찍이 선가에 던져서 설왕설래케 하였네.

강설(講說)

설두노사는 먼저 "한 조각 비고 견고함이 언어 분별을 끊어, 인간과 천신들 이로부터 수보리를 보았네."라고 하여 반야의 초월성을 설파했다.

반야에 대해 이러쿵저러쿵 말들도 많고 각자의 논리와 지식으로 분석하고 접근도 하지만, 반야란 본디 그런 것들을 초월하고 있을 뿐만 아니라, 뭐라고 얘기할 대상이 아닌 것이다. 그렇다면 반야란 허무한 것이 아닌가? 하지만 반야를 활용하는 경지에서는 없는 것도 아니고 사라지는 것도 아닌 것이 또한 반야이다. 그러니 쪼개서 알려고 하지 말고 스스로 쓸 수 있는 경지에 이르는 것이 유일한 방법이다.

언어를 초월하고 있는 것이 반야이기에 수보리존자와 범천의 주고받은 얘기가 전하는 것이다. 하지만 수보리존자가 정말 반야를 보여준 것인가? 그렇다고도 할 수 있지만 만약 그렇게만 본다면 바위나 고목도 반야를 보여주는 셈이 아니겠는가. 수보리존자와 범천의 얘기는 괜스레 범천만 돋보이게 하였다. 반야를 잘 설했다는 수보리존자의 '앉음'을 두고 그건 아니라고 하

강설(講說)

설두노사는 먼저 "한 조각 비고 응고함이 있어 분별을 끊어, 인간과 천신들 이로부터 수보리를 보았네."라고 하여 반야의 초월성을 설파했다.

반야에 대해 이러쿵저러쿵 말들로 떠들고 각자의 논리와 지식으로 분석하고 접근도 하지만, 반야란 본디 그런 것들을 초월하고 있을 뿐만 아니라, 뭐라고 얘기할 대상이 아닌 것이다. 그렇다면 반야란 허무한 것이 아닌가? 하지만 반야를 활용하는 경지에서는 없는 것도 아니고 사라지는 것도 아닌 것이 또한 반야이다. 그러나 남에게서 알려고 하지 말고 스스로 쓸 수 있는 경지에 이르는 것이 유일한 방법이다.

언어를 초월하고 있는 것이 반야이기에 수보리존자와 범천의 수고로움은 얘기가 전하는 것이다. 하지만 수보리존자가 정말 반야를 보여준 것인가? 그렇다고도 할 수 있지만 만약 그렇게만 본다면 바위나 고목도 반야를 보여주는 셈이 아니겠는가. 수보리존자와 범천의 얘기는 괜스레 범천만 들뜨이게 하였다. 반야를 잘 설했다는 수보리존자의 '없음'을 두고 그건 아니라고 하

기도 그렇지만, 그렇다고 가장 적절하다고 하기도 그렇다. 이 구절을 말할 때 몽둥이를 들었어야 했다.

설두 노인네는 송의 후반부에서 "조개의 품음과 현묘한 토끼의 깊고 깊은 뜻, 일찍이 선가에 던져서 설왕설래케 하였네."라고 하여 간단한 답이 결코 만만치 않음을 알렸다.

조개를 살피거나 토끼를 쫓지 말 것. 그 순간 반야는 사라져 버린다. 조개가 밝은 달을 머금고 토끼가 달빛을 삼켜 새끼를 배었다는 이 얘기에 반야의 모든 것을 잘 보여주고 있지만, 함정 또한 교묘하니 제대로 보물을 취할 수 있으려나?

지문화상의 이 답이 전해진 이후로 내로라하는 선객들 모두 한마디씩 하며 옳고 그름을 따져왔구나. 그런다고 지문화상의 그림자라도 그릴 수 있을까? 그 모든 것을 단박 놓고 보라. 반야가 스스로 온전한 모습을 보여줄 것이다.

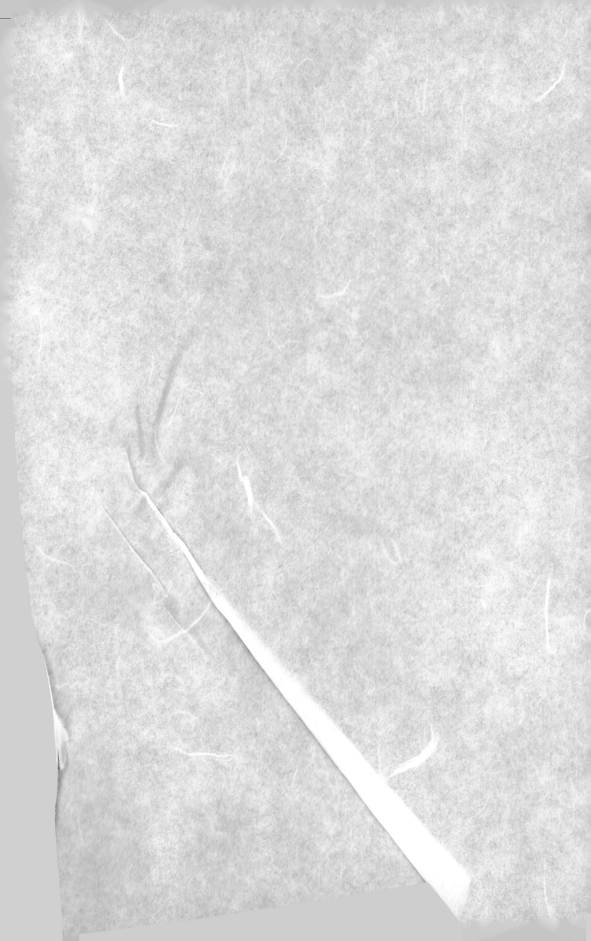

송강스님의 벽암록 맛보기 9권
(81칙~90칙)

역해 譯解 시우 송강 時雨松江
사진 시우 송강 時雨松江

펴낸곳 도서출판 도반
펴낸이 김광호
편집 김광호, 이상미, 최명숙
대표전화 031-983-1285
이메일 dobanbooks@naver.com
홈페이지 http://dobanbooks.co.kr
주소 경기도 김포시 고촌읍 신곡리 1168번지